Liderazgo sin sombras

Liderazgo sin sombras

Platón para enamorar al talento

Fernando Lallana

Obra galardonada con el Primer Premio Literario
Konsac Management Humanista, otorgado por un
jurado compuesto por Juanjo Planes, Helena Planes,
Tania Planes, Jordi Nadal y Xavier Marcet.

Primera edición en esta colección: marzo de 2025

© Fernando Lallana, 2025
© del prólogo, María Elena García, 2025
© de la presente edición: Plataforma Editorial, 2025

Plataforma Editorial
c/ Muntaner, 269, entlo. 1.ª – 08021 Barcelona
Tel.: (+34) 93 494 79 99
www.plataformaeditorial.com
info@plataformaeditorial.com

Depósito legal: B 4062-2025
ISBN: 979-13-87568-37-5
IBIC: KJ

Printed in Spain – Impreso en España

Diseño de cubierta:
Pilar Eme

Realización de cubierta:
Grafime S. L.

Fotocomposición:
gama, sl

El papel que se ha utilizado para imprimir este libro proviene
de explotaciones forestales controladas, donde se respetan
los valores ecológicos y sociales, y el desarrollo sostenible del bosque.

Impresión:
Romanyà Valls,
Capelledes (Barcelona)

A papá, que diseñó mi infancia
entre un skyline de libros de filosofía;
sin ellos no hubieran sido posibles estas páginas.

El mundo se está convirtiendo en una caverna igual que la de Platón: todos mirando imágenes y creyendo que son la realidad.

José Saramago

Índice

Prólogo

Según datos recientes, el 35 % de las empresas creadas en 2019 ya no existe. Tampoco el 71 % de las que surgieron en 2007. La supervivencia empresarial en España muestra una gran fragilidad, principalmente a partir del tercer año. La alta mortandad es un factor determinante para una prudente gestión financiera.

Entre las causas que provocan esta plaga se sitúan la incapacidad de innovación para mantener la competitividad, el desconocimiento del mercado y la inadecuada gestión financiera de los flujos de caja. A estas grietas de manual, se viene añadiendo en los últimos años un factor que, por pasar desapercibido, no atenúa su peso para abrir boquetes en cualquier eslora. Se trata de la in-cultura organizacional, muy vinculada a la gestión de las personas. Por una parte, hay voces que comienzan a apuntar que las nuevas generaciones de profesionales no aportan, no tanto el saber hacer, sino el saber cómo hacer. Otros ponen el acento en la falta de liderazgo de los viejos lobos de mar para navegar en las aguas turbulentas del siglo XXI. «¿Quién hay a los mandos?», se escucha con creciente frecuencia mientras el dedo acusador señala al CEO o a la persona que ocupa una dirección industrial, financiera o de recursos humanos.

La gestión de los equipos, en su sentido amplio, tiene que ver con tomar el timón y llevar la nave a buen puerto. Sin embargo, mirando por el catalejo, habría que reparar en la etimología del propio término de gestión. Por una parte, subyace la gesta, es decir, una empresa complicada, como si ya se advirtiera de que es tarea ardua la de alinear a profesionales con historias, sensibilidades y pretensiones. En segundo lugar, gestionar lleva implícito el gesto, entendido como la herramienta con que materializar la hazaña. El gesto tiene que ver con el estilo, la comunicación, el ejemplo, los valores, las sensibilidades, las fidelidades y con las maneras de dirigir y dejarse dirigir.

Como *coach* de empresarios y emprendedores, creo que son necesarias más que nunca nuevas miradas y maneras, nuevos gestos y pericias, que posibiliten a las personas (mandos y colaboradores) adaptación y crecimiento sobre cimientos de una renovada ágora, con el objetivo de que los índices de supervivencia empresarial den un giro. Salvaguardando la premisa aprendida de Keith Sawyer que tanto inspira mis sesiones de *coaching*: «El éxito en el trabajo en equipo viene de encontrar el equilibrio entre el yo, el nosotros y el todos».

La obra que el lector tiene en las manos es una magnífica oportunidad para reflexionar sobre la nueva mentalidad de las organizaciones del siglo xxi. Fernando Lallana ha redactado un cuaderno de bitácora para atravesar las aguas profundas del tejido empresarial contemporáneo, ofreciendo claves para coger el timón. Lo hace, además, desde la sabiduría que otorga la filosofía, dando a su obra la consistencia e inspiración de una de las mentes más brillantes que dio la Antigua Grecia. Platón, apodo derivado del supuesto tamaño de los omoplatos del ateniense, es el arquetipo de CEO de anchas espaldas que intentará encender una luz en las cavernas en que se han convertido muchas empresas.

Dado mi estreno como prologuista, dejaré una primicia. De todos es conocido que el autor viene soplando desde hace años sobre las velas de múltiples empresas a las que acompaña como consultor. Enemigo de predicar sin dar trigo, y aquí está la novedad, acompaña a estas páginas una naciente herramienta de carne y hueso con la pretensión de no quedarse en palabrería: Astrolab Corporate Services. Con mucha gratitud compartiré, como socia fundadora, esta aventura bendecida por el oráculo. Ayudando a disipar las sombras de organizaciones que tienen la espada de Damocles, en forma de paradigmas caducos, sobre la nuca del EBITDA.

María Elena García
Consultora y *coach*

Introducción

En una reciente entrevista, Elena Galán, pastora a la vez que científica ambiental, afirmaba que «las ovejas no son nada tontas, es algo que he descubierto aquí. No les gusta que les digan lo que tienen que hacer. Hay que negociar con ellas para que coman donde tú quieres y hacer un pastoreo más sostenible».[1] Las reflexiones, verbalizadas mientras sale de su cabaña en el Pirineo francés acompañada de su perra *Oki*, conducen a una candorosa conclusión: las ovejas se han vuelto demasiado refinadas, por no decir epicúreas. Ya no son como las de antes. En paralelo, Guillermo Espinosa de los Monteros es un madrileño de treinta y tres años que trabaja para una empresa tecnológica: «Yo doy por sentado el teletrabajo. Que me impongan ir a la

1. Guerrero, T., y Di Lolli, A. (2024, agosto). «La científica ambiental que pastorea 450 ovejas seis meses al año: "Los hombres me suelen preguntar si no hace falta tener mucha fuerza; las mujeres, si no me da miedo"». *El Mundo.* https://www.elmundo.es/papel/historias/2024/08/24/66c715e821efa05d678b459c.html

oficina o qué días debo acudir me parece inconcebible»,[2] explica.

Si el sufrido ganado lanar está en proceso de emancipación, qué derivar de las exigentes nuevas generaciones que se extienden a lo largo y ancho del pasto empresarial. Como apunta la IE University, desde que los negocios son negocios, los ejecutivos tomaban las decisiones, establecían las normas y las comunicaban a los diferentes responsables, quienes, a su vez, las pasaban a los trabajadores. Sin embargo, afirma Dan Pink, profesor de la Universidad de Yale y uno de los pensadores más provocativos, reputados y leídos en la actualidad, «la gente con talento necesita a las empresas menos de lo que las empresas necesitan gente con talento».[3] Los profesionales están empezando a tomar las decisiones y llevar las riendas de cómo hacer el trabajo, cuándo hacerlo, quién se encarga de esto o aquello o qué tecnologías se emplearán para realizarlo. En fin, algo más que un cambio de paradigma.

La llegada de la generación Z al mundo laboral está siendo un suplicio para muchos directivos. Los jóvenes que se

2. Sánchez, E. (2023, abril). «El trabajo del futuro». *El País*. https://elpais.com/economia/2023-04-23/no-aceptaria-una-oferta-sin-teletrabajo-el-empleo-desde-casa-ya-es-una-exigencia-de-los-entrevistados-en-algunos-sectores.html

3. Rivera. C. (2016, noviembre). «¿Buscas trabajo?... Nuevos modelos y retos de trabajo para el profesional de la información». *Infotecarios*. https://www.infotecarios.com/buscas-trabajo-nuevos-modelos-retos-trabajo-profesional-la-informacion/

incorporan a las plantillas no tienen el mismo concepto del trabajo que sus compañeros y jefes de la generación X y *boomers*; y esas diferencias pasan factura. Según una reciente encuesta a gerentes estadounidenses, «el 18 % de los directivos ha considerado renunciar debido al estrés que les genera lidiar con la nueva generación de empleados».[4] Una ética del trabajo diferente, nuevas actitudes y expectativas, rechazo a asumir responsabilidades y brechas de comunicación configuran el caldo de cultivo de una nueva era. Propio de un guion imaginado por el cineasta Paolo Sorrentino, a quien preocupaba más el restaurante donde iba a comer que el destino de la humanidad o el sentido de la vida.

De forma simultánea, el último estudio de International Workplace Group (IWG), comparando treinta ciudades en diez criterios clave, destaca a Barcelona como el segundo mejor destino global para *workcations* en 2024, solo superada por Budapest. De acuerdo con el «Barómetro anual de trabajo desde cualquier lugar», la Ciudad Condal se distingue por su excelente infraestructura de transporte, un coste de vida relativamente asequible, una vibrante oferta cultural y la implementación de una visa para nómadas digitales. El informe también revela que el 84 % de los trabajadores híbridos consideran extender sus vacaciones para trabajar

---

4. Andrés, R. (2024, diciembre). «La generación Z está entrando en las oficinas». *Xataka*. https://www.xataka.com/empresas-y-economia/ generacion-z-esta-entrando-oficinas-uno-cada-cinco-directivos-ha-pensado-dimitir-porque-no-les-soporta

remotamente, reflejando una tendencia creciente hacia un estilo de vida más flexible. El hedonismo profesional se extiende como la espuma.

Para añadir más leña al fuego, la revista *Business People*, en referencia a que tradicionalmente hemos sido educados en la necesidad del compromiso como respuesta a oportunidades o proyectos, pone en alerta a las empresas: «El NO es una herramienta estratégica, clave para garantizar la eficiencia, la claridad y el bienestar dentro de una organización. Aprender a decir NO de manera inteligente y oportuna no solo es importante, sino esencial para el éxito empresarial a largo plazo. (...) La cultura de la disponibilidad constante es insostenible».[5] Defender este posicionamiento era motivo de pérdida de confianza, y quién sabe si algo más, escaso tiempo atrás. «El NO protege la eficiencia, el bienestar y la sostenibilidad de una empresa. Aprender a decir NO es, en esencia, un SÍ a un futuro más próspero y equilibrado». ¿Alguien se atreve a negar que estamos a las puertas de una nueva era en la cultura organizacional?

Dos últimos ingredientes de esta nueva ensalada profesional: se constata que una persona media pasará en torno a 90.000 horas trabajando a lo largo de su vida, por lo que cabe esperar que la satisfacción o insatisfacción laboral pue-

---

5. Puglisi, J. A. (2024, noviembre). «El poder del NO en la empresa». *Business People*. https://business-people.es/opinion/el-poder-del-no-en-la-empresa/#:~:text=El%20«no»%20protege%20la%20eficiencia,empresarial%20en%20el%20largo%20plazo

da afectar significativamente su día a día. No hay que olvidar que «solo el 23 % de los empleados en España recomendaría trabajar en su empresa, mientras que el 39 % no lo haría. El 38 % se muestra indiferente, lo que revela un escaso sentido de pertenencia».[6] Por otro lado, es patente que «los roles del liderazgo tradicional resultan poco atractivos para las nuevas generaciones, que valoran más la flexibilidad laboral, la cultura del propósito, la salud mental, el apoyo a causas sociales y la comunicación virtual por encima de la real».[7] La imagen que ilustra la cita es de lo más desafiante: corbata de seda italiana, pero con un sinfín de púas en la zona interior del cuello.

Ante este panorama, más que nunca, la atracción y fidelización de líderes y profesionales con talento es el gran desafío de las organizaciones del siglo XXI. Ya no se habla de retener el talento sino de hacer las cosas bien, diría que muy bien, para que el talento decida permanecer. El cambio de perspectiva condiciona el modo de encarar los desafíos. Las constantes transformaciones de un mundo interconectado exigen decisiones acertadas en la captación y gestión de capital humano. El reto es la adaptación a un contexto nuevo, con ingentes ingredientes sobrevenidos, donde resulta

6. Infojobs. (2023). «Informe sobre Employer Branding y Bandas salariales».

7. Alcolea, R. (2024, diciembre). «Los jóvenes ya no quieren ser jefes». *ABC*. https://www.abc.es/bienestar/psicologia-sexo/psicologia/jovenes-quieren-jefes-20241219175723-nt.html

complejo conjugar orden, eficacia, productividad y resultado por una parte, y flexibilidad, autonomía y «des-control» por otra. En resumen, entornos profesionales donde las ovejas saben que tienen que seguir dando lana y leche, pero priorizan, o exigen, pasto *workcation.*

Consensuemos que ha llegado el momento en que no sirve atraer, retener o ni siquiera motivar. Es preciso un paso más: enamorar al talento. «Las personas más exitosas hacen lo que aman. Parece un bonito aforismo, aunque no hay datos que lo respalden. Hay mucha más evidencia de que las personas más exitosas encuentran el amor en lo que hacen. Sea lo que sea, si haces lo que amas, tendrás un cóctel químico presente en tu cerebro: dopamina, oxitocina, norepinefrina y anandamida»,[8] sentencia Marcus Buckingham, consultor y *speaker* motivacional.

Cuando estás enamorado, el otro te hace sentir seguro, curioso y animado. Es el mismo cóctel cuando haces algo que amas. Si las empresas quieren creatividad, innovación, resiliencia, y desean por encima de todo compromiso, tienen que conjugar la palabra amor. Ya sé que el término puede resultar frívolo, carente de carácter científico o, en términos actuales, *happy flower*, pero el amor, con mayúsculas, referenciado al sentido de nuestro filósofo de cabecera, es un estado intermedio entre pobreza y riqueza. No es un dios todopoderoso, sino un «demon» o ser intermedio

---

8. Buckingham, M. (2022, abril). *Love + Work*. Ingram Publisher Services.

que busca lo que no tiene. El amor surge del deseo de alcanzar lo que falta, ya sea belleza, sabiduría o inmortalidad. El amor es mucho más que una simple emoción. Es un motor esencial para el desarrollo personal, la trascendencia y la búsqueda de lo divino.

¿Tienen las organizaciones capacidad de enamorar? Un dato que invita a no ser demasiado optimistas: «Uno de los grandes temores que manifiestan los directivos es la pérdida de control en la toma de decisiones estratégicas como resultado de la automatización y autonomía de la IAG (Inteligencia Artificial Generativa), según ponen de manifiesto el 54 % de los encuestados».[9] ¿No será que, en realidad, dichos directivos ya están siendo presa de los miedos perversos fruto de carencias de liderazgo? Nada ahuyenta más al amor que el temor y la inseguridad.

Muchas organizaciones encuentran dificultades para entrar en un cambio de paradigma donde la trascendencia, el propósito, la virtud personal y profesional, la autonomía, la responsabilidad, la prioridad de la generación de valor, el disfrute y el alineamiento con el cumplimiento de objetivos son factores imperantes. Tanto gestores como gestionados están llamados a abandonar realidades mundanas y arcaicas en las que solo hay sombras de la realidad. El mercado de trabajo avanza inexorablemente hacia fórmulas mixtas o hí-

9. Asociación para el Progreso de la Dirección. (2024, noviembre). «Barómetro Inteligencia Artificial Generativa desde la óptica de la dirección empresarial».

bridas de satisfacción mutua, donde se difuminan las fronteras entre las relaciones mercantiles y las tradicionalmente denominadas laborales. Se trabaja por proyectos y prima la horizontalidad, la flexibilidad, la corresponsabilidad, el compromiso, la innovación y la propuesta de valor por encima de vinculaciones perennes y consiguientes esquemas rígidos, ineficaces, deficitarios, inoperativos y, en muchos casos, desmotivadores para los actores intervinientes. Qué contar de las estructuras denominadas «Gollum», ineficaces y cobardes guardianes de «mi tesoro», capaces de construir muros tan altos como los que levantó Pericles en Atenas. Pero en este caso para defender lo indefendible, es decir, un conocimiento o *know how* que, de por sí, debe tender a ser colectivizado entre los miembros de los equipos.

Nos guste o no, sea más o menos políticamente correcto, se visualizan escenarios donde los profesionales están llamados a mutar en «aportadores de valor», término acertadamente acuñado por Roberto Fusté.[10] La generación de valor mutua y colectiva, en correspondencia con una misión, visión y valores que actúan como palancas de un mundo mejor, se presentan como el horizonte y, a su vez, la esperanza que estimula el abandono de la caverna. Todo ello a la velocidad que marcan las nuevas tendencias del mercado laboral: las generaciones incipientes como los *millennials*, las tecnologías, el fenómeno de la globalización, la

---

10. Fusté, R. (2018). *The Valueholder: El fin del empleado.* Plataforma Editorial.

movilidad geográfica y funcional y las nuevas actitudes de los profesionales ante el concepto de trabajo. El panorama laboral está cambiando a un ritmo acelerado y es necesario conocer y entender estos cambios. Las empresas ya no pueden permitirse el lujo de esperar a ver qué pasa. Quien tarde en adaptarse perderá la partida.

Sin embargo, no pocas organizaciones tienen dificultades para tirarse a la piscina del nuevo enfoque. Unas veces porque los mandos no son capaces de alumbrar y liderar un cambio de modelo. Otras, porque las resistencias de quienes conforman las estructuras son tan rígidas que retrasan o no permiten irrumpir en una nueva era. Lo cierto es que los datos confirman que el 85 % de los empleados del mundo se sienten desmotivados, poco comprometidos o infelices en sus trabajos. Tampoco el entorno va a ayudar a que salir de la caverna sea un camino de rosas. «Hay dos tipos de personas en el mundo que te van a decir que no puedes marcar diferencias: los que tienen miedo de intentarlo y los que tienen miedo de que lo consigas», advierte el ingeniero aeroespacial Ray Goforth.[11] ¿Hasta cuándo resistirán las empresas con estos mimbres?

Más madera. Con ocasión de la vuelta al trabajo después del verano de 2023, «el término *quiet quitting* se ha encargado este año de tomar el relevo a "la Gran Renuncia", que caracterizó al mercado laboral en Estados Unidos tras

11. Facebook de Forbes Argentina. (2022). https://www.facebook.com/ForbesArgentina

regresar de las vacaciones en 2021. Sin embargo, lo que resulta realmente curioso es que, pese a que un estudio de InfoJobs señalaba en 2022 que el 27 % de los españoles encuestados pretendía dejar su trabajo ese año, en realidad esta renuncia silenciosa no se refiere a abandonar el puesto laboral, sino a ceñirse estrictamente a las funciones del puesto».[12]

El «mito de la caverna de Platón» (siglo IV a. C.) es una alegoría que sirve para advertir de la amenaza que supone permanecer, por diferentes causas, atado a las argollas de un entorno caduco. Insertado en el Libro VII de *La República*, pero leído con gafas del siglo XXI, es una espléndida invitación a trascender y superar, en el contexto en que se escriben estas páginas, las desfasadas coordenadas de las relaciones laborales. Encontrar el sentido y disfrutar de lo que denominamos «trabajo» es una aspiración personal y una manera de realización. La satisfacción del ámbito laboral multiplica la autoestima y favorece entornos saludables. Trabajar con pasión y propósito no solo mejora los resultados, sino que crea un círculo virtuoso de bienestar y éxito.

Este libro no pretende ser un jarro de agua fría, aunque sí una especie de golpe sobre la mesa. Invita a una reflexión y a un ejercicio de contraste para tomar conciencia de que

12. Alonso, M. (2023, agosto). «Qué es la renuncia silenciosa y por qué puede ser buena para tu salud mental (pero no tanto para tus superiores)». *Revista Elle*. https://www.elle.com/es/living/trabajo-finanzas/a41210256/que-es-renuncia-silenciosa-trabajo-salud-mental/

la gestión del talento pasa, actualmente, por asumir los riesgos de encarar circunstancias inéditas y nuevos valores. Valores que permitan gestionar los denominados entornos VUCA, caracterizados por fenómenos que sacarían de sus casillas al mismo Zenón de Citio y sus secuaces estoicos: vulnerabilidad, incertidumbre, complejidad y ambigüedad. Y una propuesta a asumir que no hay alternativa a la consolidación de sistemas de gestión donde cada profesional está llamado a gestionar su función o tarea (y a responder de ellas) como una microempresa al servicio de un cosmos cada vez más exigente, flexible, adaptable, cambiante y globalizado. En definitiva, cada vez más pitagórico, viscoso y complejo de interpretar. Lo que no significa menos profesional, eficiente, desafiante ni menos atractivo.

Para afrontar este desafío será preciso una versión mejorada de las tradicionales competencias técnicas, pero sobre todo actitudinales, por parte de los CEO y profesionales en general. Muchas tendrán que ver con lo que el cazatalentos y colega Juanjo Planes asocia con «características como la adaptabilidad, la toma de decisiones informadas o la capacidad para resolver conflictos, y a unas buenas habilidades de comunicación y trabajo en equipo».[13]

La caverna de Platón, icono de la filosofía griega, suscita un inusual paralelismo entre las sombras que solo ven los prisioneros en ella encadenados y las organizaciones aferradas a viejas formas de hacer las cosas impidiendo un cam-

---

13. Planes, J. (2023). *Inteligencia Laboral*. Plataforma Editorial.

bio de mentalidad. La cueva de Montesinos es, en la literatura castellana, un lugar homónimo de ficción creado en el estado de sueño de Don Quijote, donde Sancho Panza asume el rol del filósofo que, a través del sentido común, intenta que la realidad prevalezca.

Quienes logran abandonar la mazmorra y ver la luz representan a líderes, gerentes y profesionales en búsqueda constante de nuevas realidades. Capaces de abrirse a una manera diferente y madura de enfocar el desempeño profesional. En resumen, empoderados para afirmar con el ateniense que «todo el arte (...) consiste, pues, en buscar la manera más fácil y eficaz con que el alma pueda realizar la conversión que debe hacer. No se trata de darle la facultad de ver, ya la tiene. Pero su órgano no está dirigido en la buena dirección, no mira hacia donde debiera: esto es lo que se debe corregir».

El pensador y cinéfilo Stanley Cavell afirma que el cine puede y debe hacernos mejores, ya que la pantalla no representa la realidad, sino que es capaz de poner al alcance del espectador la realidad misma. Y lo hace a través de una experiencia multiplicada por la expresividad de los actores que nos ayuda a conocernos mejor. ¿Acaso en la proyección de las sombras sobre las paredes de la caverna que imagina el filósofo de Atenas no está la esencia del séptimo arte?

Resulta obligada una premisa que recorrerá todo este libro. Y que facilitará el enfoque, ayudará a la reflexión y aportará luz para sacar conclusiones prácticas de cara a proponer por dónde empezar mañana. Se trataría de una advertencia, un *warning* de juez de silla en términos tenísticos. Los diagnósticos o nuevos escenarios, retos en definitiva, que se abren en los entornos profesionales del siglo XXI, constituyen toques de atención para todos los actores. Y todos son todos. No cabe escurrir el bulto por parte de los CEO, líderes o de quienes tienen responsabilidades en las organizaciones, aduciendo que las cosas están cada vez peor y que las nuevas generaciones han abdicado de la responsabilidad o están faltas de arrojo y ambición. Como tampoco se pueden expedir cheques en blanco a profesionales que, quizá llevados por una cultura y educación descompensadas de derechos y obligaciones, abogan por formatos donde priman sus demandas, cuando no apetencias, sobre la imprescindible disciplina y construcción colectiva que exige una organización o una empresa. Como ya apuntaron los filósofos griegos, en el punto medio está la virtud. Es urgente apelar a nexos y acuerdos. Viene a mi mente la tesis de que el «fundamento de resistencia medieval era la fidelidad, concepto jurídico público esencial en los pueblos germánicos, exigible tanto al rey como al súbdito, por la derivación de ambos al derecho. La fidelidad, a diferencia de la obediencia, implica una actitud recíproca de las partes y lleva consigo la reserva o condición de que una parte solo la debe en tanto en cuanto la otra parte cumple también con su deber de fidelidad».[14]

14. Trillo, F. (1999). *El poder político en los dramas de Shakespeare*. Espasa.

Por concluir esta alfombra roja, el lector ha podido ya intuir que las páginas que vienen a continuación descansan en la óptica del management humanista, motivado por la necesidad del autor de escriturar ante notario que las organizaciones no solo se miden por su capacidad de generar beneficios, sino también por el impacto que tienen en las personas y en la sociedad. Bajo este paraguas, el ser humano deja de ser un recurso y pasa a ocupar el ancla de la estrategia empresarial. Por descontado, hay que sumar dígitos a la cuenta de resultados, pero también deben construirse entornos de trabajo donde las personas puedan desarrollarse, sentirse valoradas y encontrar un propósito. Un liderazgo humanista reconoce que las emociones, valores, aspiraciones y propósitos multiplican la productividad. Las empresas tienen una biografía, y las personas que las integran deben asumir la responsabilidad de integrarse en su relato. Me permito dejar, como consultor, un ejercicio muy potente para una de esas reuniones empresariales de *team building*: hacer una construcción colectiva de la biografía de la organización e invitar a cada miembro a insertar la suya en el relato común. Cuantas más empresas piso, más convencido estoy de que el *fall in love* del talento pasa por un óptimo equilibrio de cuentas, pero también de cuentos. Estos para poner la música y aquellas para pagar la fiesta.

El management humanista, a partir del cimiento de la sostenibilidad técnica y financiera, prioriza la empatía, fomenta la comunicación abierta y promueve la colaboración como pilares fundamentales para el éxito. En lugar de enfocarse en el control, se enfoca en la confianza; en lugar de imponer, inspira. Una nueva cultura empresarial que Sergio Fuster, consejero delegado de Raventós Codorniú, denomina «H3O: humildad, humanidad, honestidad y osadía».[15]

En última instancia, el management humanista nos recuerda que detrás de cada proyecto, cada número y cada decisión, hay personas. Y aún, en el interior de las muchas cavernas que componen el tejido empresarial, hay demasiados individuos con la venda en los ojos. Esperando, o anhelando, que alguien, posiblemente con alma de filósofo, los venga a rescatar. Porque la caverna, en la mayor parte de las ocasiones, no es un espacio exterior cual redil ovino, sino una jaula mental, intelectual o emocional. Más aún cuando vivimos en la paradoja de que, más o menos, podemos intuir lo que acontecerá dentro de unos años... En cambio, ¡no tenemos ni idea de qué rayos sucederá el próximo lunes!

15. Vilches, I. (2024, diciembre). «Directivos. Sergio Fuster (Codorníu): "Hay que ser feliz en el trabajo, si no cámbiate"». *Expansión*. https://www.expansion.com/directivos/2024/12/19/67630001e5f dea870d8b4595.html

1.
El mito de la caverna en Barcelona

—Ahora —continué—, imagínate nuestra naturaleza, por lo que se refiere a la ciencia, y a la ignorancia, mediante la siguiente escena. Imagina unos hombres en una habitación subterránea en forma de caverna con una gran abertura del lado de la luz. Se encuentran en ella desde su niñez, sujetos por cadenas que les inmovilizan las piernas y el cuello, de tal manera que no pueden ni cambiar de sitio ni volver la cabeza, y no ven más que lo que está delante de ellos.[16]

Ahora, continué, imagínate con nuestro conocimiento y experiencia, por lo que se refiere a los estudios que cursamos en la universidad y lo que nos falta aún por aprender. Imagina comenzar a currar en una empresa de gestión para diferentes sectores con sede en Barcelona. Durante el primer día, martes por la mañana, recorriendo la oficina principal

16. Fragmento de la obra *La República*, de Platón, al igual que los demás fragmentos incluidos en este capítulo, a menos que dentro del texto se indique lo contrario.

localizada en la avenida Diagonal, quien será nuestro responsable nos presenta al equipo de profesionales especializados en asesorar al sector logístico. Son al menos veinte trabajando en un gran espacio diáfano, conocido como «El Cubículo». Su misión es prestar un buen servicio de información y gestión en todo lo que los clientes soliciten: desde trámites fiscales, laborales o mercantiles hasta los necesarios para cumplir con la legislación en prevención de riesgos laborales, protección de datos o incluso asesoramiento inmobiliario al servicio de la gestión de pymes. Cada uno de ellos está sentado en su escritorio, concentrado en las pantallas de sus ordenadores de última generación. En ellas se proyectan series interminables de datos, gráficos, aplicaciones de impuestos, debes y haberes, cuentas bancarias y números que pueden representar los vaivenes del mercado, las demandas de los clientes o cualquier otro tipo de información.

Se percibe que los profesionales están sometidos a presión, no se respira un ambiente tenso, pero sí bastante exigente. ¡Ni pestañean, vamos! Y de salir a fumar, ni hablamos... Nuestro mentor explica que los equipos de trabajo están especializados por tipología de cliente y cada gestor tiene un rol muy definido y limitado. Añade que lo que se espera de ellos es seguir directrices sin cuestionar ni dejar demasiado espacio a la innovación y la creatividad. Todo está muy estandarizado y ordenado según una estricta rutina: cumplir horarios establecidos, reportar al jefe de proyecto, cumplir plazos y adherirse a procedimientos establecidos hace décadas. En definitiva, se respira la clásica atmósfera del «todo está inventado».[17]

La luz les viene de un fuego encendido a una cierta distancia detrás de ellos sobre una eminencia del terreno. Entre ese fuego y los prisioneros, hay un camino elevado, a lo largo del cual debes imaginar un pequeño muro semejante a las barreras que los ilusionistas levantan entre ellos y los espectadores y por encima de las cuales muestran sus prodigios.

Los espacios son amplios y abiertos. Sin embargo, la actividad se desarrolla bajo la iluminación artificial, más siendo noviembre, cuando los días comienzan a acortarse y el ambiente a palidecerse a medida que declina el día. Se abren paso esas tardes en las que no corre el reloj pero al salir ya no da tiempo más que para ir al Mercadona. Sin atender a detalles, los empleados dan por buena la manera de trabajar en la compañía. Solo alguno se atreve a sugerir que podrían añadir una labor de asesoría preventiva o dedicar tiempo a estrechar la relación con los clientes, visitarlos y acompañarlos, *in situ*, a una mejor gestión de sus negocios. Pero claro, eso requiere dedicación y la dirección de la empresa no está por la labor. Reconociendo veladamente —con la boca chica— que añadiría mucho más valor al negocio y permitiría incrementar la facturación, como diría nuestro

17. Verneaux, R. (1982). *Textos de los grandes filósofos.* Editorial Herder.

antiguo profesor Ferrer con su característico gesto de cejas arqueadas.

Para la mayoría de los profesionales, con una edad promedio que no parece sobrepasar la treintena, representa su primer empleo. Aunque, a decir verdad, la curvatura de sus espaldas añadiría años a una porra sobre la edad. Están convencidos de que la autoridad, el control estricto y la obediencia son los pilares del éxito laboral. Son felices, o parecen serlo, porque tienen contratos indefinidos, lo que aporta seguridad y garantía a largo plazo. Todo lo que una familia de clase media, sin más aspiraciones, puede considerar óptimo. ¡Cuánto daño hace la aspiración al contrato indefinido y la maldita seguridad laboral! Algunos tienen la experiencia de sus padres, también profesionales del ramo, quienes trabajaron bajo esta cultura toda su vida, viendo a sus compañeros ascender y descender dentro de este esquema rígido, y nunca han considerado que pueda existir una forma diferente de operar. Ellos al menos tenían justificación, pues la escasa movilidad geográfica, la atomización de los mercados y la escasez invitaba al *catenaccio* laboral. La planta está separada por biombos de cristal que separan cada isla de seis puestos. En medio se abre un pasillo diáfano por el que se puede entrar y salir sin molestar. Por supuesto, vestido de moqueta de un color gris que hace pensar que antes, hace años, fue blanca. El molesto sonido de tacones, sobre todo femeninos, queda atenuado por esa especie de piel de melocotón sobre el enlosado.

—Ya lo veo —dijo.

—Piensa ahora que, a lo largo de este muro, unos hombres llevan objetos de todas clases, figuras de hombres y de animales de madera o de piedra, de mil formas distintas, de manera que aparecen por encima del muro. Y, naturalmente, entre los hombres que pasan, unos hablan y otros no dicen nada.

Todos los días, en las zonas contiguas, los responsables de proyectos se reúnen con los clientes. En su mayoría hombres curtidos en mil batallas cuyos trajes reflejan negocios venidos a menos, anidando al mismo tiempo en los párpados y suelas de los zapatos cierta inercia y desgana. Su lenguaje corporal se concreta en sus brazos cruzados donde sobresalen gemelos propios de una ostentación obsoleta. Quizá con esa actitud de nostalgia por los días dorados conjugada por la resignación ante los actuales tiempos difíciles. Como si fueran viandantes, pasan y giran sus cabezas hacia los burladeros de cristal que los separan del mundo de la burocracia. Es habitual que los visitantes mantengan silencio para no desconcentrar el trabajo laborioso y concienzudo de los gestores. Un asiento contable a la inversa o un cero de más en una nómina causan estragos.

—Es esta una extraña escena y unos extraños prisioneros —dijo.

—Se parecen a nosotros —respondí—. Y, ante todo, ¿crees que en esta situación verán otra cosa de sí mismos y de los que están a su lado que unas sombras proyectadas por la luz del fuego sobre el fondo de la caverna que está frente a ellos?

Los profesionales se parecen a nosotros, o quizá no. Seguro con unos pocos años más, nos cuestionamos Jaume y yo mientras nuestro futuro responsable atiende una llamada. ¿No crees que serían mucho más felices y se sentirían más realizados si pudieran añadir mucho más valor a lo que hacen? A buen seguro que son graduados como nosotros. Cuatro o cinco años en la universidad, aunque restes el tiempo de partidas de mus en la cafetería, dan para mucho más. Me temo que ni quieren ni tampoco se sienten con el estímulo de hacerlo.

—No, puesto que se ven forzados a mantener toda su vida la cabeza inmóvil.

—¿Y no ocurre lo mismo con los objetos que pasan por detrás de ellos?

—Sin duda.

—Y si estos hombres pudiesen conversar entre sí, ¿no crees que creerían nombrar a las cosas en sí nombrando las sombras que ven pasar?

—Necesariamente.

—Y si hubiese un eco que devolviese los sonidos desde el fondo de la prisión, cada vez que hablase uno de los que pasan, ¿no creerían que oyen hablar a la sombra misma que pasa ante sus ojos?

—Sí, por Zeus —exclamó.

—En resumen, ¿estos prisioneros no atribuirán realidad más que a estas sombras?

¿No sucederá que estos chicos, al ser el único trabajo que han conocido, llegan a la conclusión de que las cosas no pueden ser de otra manera? ¿No caerán en la cuenta de que el mercado laboral está cambiando? ¿Que dilapidar sus mejores años, sobre los que supuestamente se edifica una carrera profesional, es peor que confundir un gasto con un pago?

—Es inevitable.

—Supongamos ahora que se les libre de sus cadenas y se les cure de su error; mira lo que resultaría naturalmente de la nueva situación en que vamos a colocarlos. Liberamos a uno de estos prisioneros. Le obligamos a levantarse, a volver la cabeza, a andar y a mirar hacia el lado de la luz: no podrá hacer nada de esto sin sufrir, y el deslumbramiento le impedirá distinguir los objetos cuyas sombras antes veía. Te pregunto qué podrá responder si alguien le dice que hasta entonces solo había contemplado sombras vanas, pero que ahora, más cerca de la realidad y vuelto hacia objetos más reales, ve con más perfección; y si, por último, mostrándole cada objeto a medida que pasa, se le obligase a fuerza de preguntas a decir qué es, ¿no crees que se encontrará en un apuro, y que le parecerá más verdadero lo que veía antes que lo que ahora le muestran?

Supongamos ahora que un día, comenta Marta, uno de estos empleados, llamado Sócrates, es enviado por el departamento de Recursos Humanos a un curso de actualización en liderazgo y gestión de personal, algo que el director considera un simple trámite para cumplir con las exigencias del Sistema de Gestión de Calidad. ¡Cualquiera contradice al cartesiano Renato cuando saca a la palestra su verborrea y monopoliza las conversaciones con KPI, evidencias, sistemas de control, no conformidades y sus consiguientes propósitos de enmienda! Al principio, Sócrates se mostraría escéptico, pero, a medida que avanzara el curso, descubriría conceptos nuevos y revolucionarios: el liderazgo colaborativo, la mentalidad de talento, la autonomía en el trabajo, la innovación y, principalmente, la cultura de emprendimiento dentro de la empresa. Sobre todo, conversaría con colegas de otros despachos. ¡Dios quiera que no se tope con los de Google, porque no aguantarán que les cuenten que cada dos horas echan una partida de futbolín! Pongamos mejor que alguien más «normal», gestor de una empresa de venta de automóviles de Tarragona, explicara que desde hace dos años han cambiado el modelo de gestión. Y que están avanzando hacia sistemas donde a cada jefe de proyecto se le dota de autonomía para diseñar sus propias estrategias de ventas. Otro, procedente de una empresa farmacéutica, señalaría los beneficios de un premio interno de ideas que la dirección puso en marcha. Él mismo formó parte de un equipo que formuló un nuevo sistema de logística con los clientes. Ello propició que la empresa apostara por el proyecto, lo pusiera en marcha y, lo más motivador, lo mandara liderar a sus integrantes.

—Sin duda —dijo.

—Y, si se le obliga a mirar la misma luz, ¿no se le dañarían los ojos? ¿No apartará su mirada de ella para dirigirla a esas sombras que mira sin esfuerzo? ¿No creerá que estas sombras son realmente más visibles que los objetos que le enseñan?

—Seguramente.

—Y si ahora lo arrancamos de su caverna a viva fuerza y lo llevamos por el sendero áspero y escarpado hasta la claridad del sol, ¿esta violencia no provocará sus quejas y su cólera? Y cuando esté ya a pleno sol, deslumbrado por su resplandor, ¿podrá ver alguno de los objetos que llamamos verdaderos?

Sócrates aprendería que, en lugar de seguir órdenes ciegamente, los empleados pueden ser responsables de sus proyectos, tomar decisiones y colaborar de manera horizontal, impulsando así la creatividad y el sentido de pertenencia. Se sorprendería de empresas exitosas que funcionan bajo estos principios, donde los empleados son valorados por sus ideas y no solo por cumplir horarios y seguir instrucciones.

—No podrá, al menos los primeros instantes.

—Sus ojos deberán acostumbrarse poco a poco a esta región superior. Lo que más fácilmente verá al principio serán las sombras, después las imágenes de los hombres y de los demás objetos reflejadas en las aguas, y por último los objetos mismos. De ahí dirigirá sus miradas al cielo, y soportará más fácilmente la vista del cielo durante la noche, cuando contemple la Luna y las estrellas, que durante el día el Sol y su resplandor.

—Así lo creo.

—Y creo que al fin podrá no solo ver al sol reflejado en las aguas o en cualquier otra parte, sino contemplarlo a él mismo en su verdadero asiento.

—Indudablemente.

—Después de esto, poniéndose a pensar, llegará a la conclusión de que el sol produce las estaciones y los años, lo gobierna todo en el mundo visible, y es en cierto modo la causa de lo que ellos veían en la caverna.

—Es evidente que llegará a esta conclusión siguiendo estos pasos.

—Y al acordarse entonces de su primera habitación y de sus conocimientos allí y de sus compañeros de cautiverio, ¿no se sentirá feliz por su cambio y no compadecerá a los otros?

—Ciertamente.

—Y si en su vida anterior hubiese habido honores, alabanzas, recompensas públicas establecidas entre ellos para aquel que observase mejor las sombras a su paso, que recordase mejor en qué orden acostumbran a precederse, a seguirse o a aparecer juntas y que por ello fuese el más hábil en pronosticar su aparición, ¿crees que el hombre de que hablamos sentiría nostalgia de estas distinciones, y envidiaría a los más señalados por sus honores o autoridad entre sus compañeros de cautiverio? ¿No crees más bien que será como el héroe de Homero y preferirá mil veces no ser más «que un mozo de labranza al servicio de un pobre campesino» y sufrir todos los males posibles antes que volver a su primera ilusión y vivir como vivía?

—No dudo que estaría dispuesto a sufrirlo todo antes que vivir como anteriormente.

—Imagina ahora que este hombre vuelva a la caverna y se sienta en su antiguo lugar. ¿No se le quedarían los ojos como cegados por este paso súbito a la obscuridad?

—Sí, no hay duda.

Cuando regresara a la oficina, Sócrates estría entusiasmado por compartir lo que ha aprendido. Propondría ideas para proyectos colaborativos, sugeriría eliminar algunas reglas innecesarias que sofocan la creatividad y promovería un ambiente en el que todos podrían expresar sus ideas sin temor.

—Y si, mientras su vista aún está confusa, antes de que sus ojos se hayan acomodado de nuevo a la obscuridad, tuviese que dar su opinión sobre estas sombras y discutir sobre ellas con sus compañeros que no han abandonado el cautiverio, ¿no les daría que reír? ¿No dirán que por haber subido al exterior ha perdido la vista y no vale la pena intentar la ascensión? Y, si alguien intentase desatarlos y llevarlos allí, ¿no lo matarían, si pudiesen cogerlo y matarlo?

Sin embargo, se corre el peligro de que sus compañeros reaccionaran con incredulidad. Ellos no pueden imaginar un mundo en el que se trabaje sin una cadena de mando estricta, donde la iniciativa personal tenga valor. Para ellos, la estabilidad de las viejas prácticas es mucho más segura que la incertidumbre de probar algo nuevo. El jefe de oficina, acostumbrado a su control absoluto, vería a Sócrates como una amenaza al orden establecido y advertiría a los demás que estas ideas son peligrosas y pueden llevar al caos. Incluso el liberado sindical, un tal Jordi Alcántara, vestido con sus habituales jeans desgastados que le confieren apariencia casual pero combativa, hablaría de que la viabilidad de la empresa puede entrar en riesgo. Algunos empleados empiezan a desconfiar de Sócrates, viendo sus ideas como una causa de conflicto y desestabilización. La mayoría sigue en su zona de confort, convencidos de que no hay otro camino. ¿Para qué cambiar si la empresa va bien? Lo mejor es seguir haciendo las cosas como siempre. ¿No es mejor asegurar los clientes ofreciendo los servicios tradicionales que no entrar en otro tipo de relación que nos va a complicar la vida?

—Es muy probable.

—Esta es precisamente, mi querido Glaucón, la imagen de nuestra condición. La caverna subterránea es el mundo visible. El fuego que la ilumina es la luz del sol. Este prisionero que sube a la región superior y contempla sus maravillas es el alma que se eleva al mundo inteligible. Esto es lo que yo pienso, ya que quieres conocerlo; solo Dios sabe si es verdad. En todo caso, yo creo que en los últimos límites del mundo inteligible está la idea del bien, que percibimos con dificultad, pero que no podemos contemplar sin concluir que ella es la causa de todo lo bello y bueno que existe. Que en el mundo visible es ella la que produce la luz y el astro de la que procede. Que en el mundo inteligible es ella también la que produce la verdad y la inteligencia. Y, por último, que es necesario mantener los ojos fijos en esta idea para conducirse con sabiduría, tanto en la vida privada como en la pública. Yo también lo veo de esta manera —dijo—, hasta el punto de que puedo seguirte. (...)

—Por tanto, si todo esto es verdadero —dije yo—, hemos de llegar a la conclusión de que la ciencia no se aprende del modo que algunos pretenden. Afirman que pueden hacerla entrar en el alma en donde no está, casi lo mismo que si diesen la vista a unos ojos ciegos.

—Así dicen, en efecto —dijo Glaucón.

—Ahora bien, lo que hemos dicho supone al contrario que toda alma posee la facultad de aprender, un órgano de la ciencia; y que, como unos ojos que no pudiesen volverse hacia la luz si no girase también el cuerpo entero, el órgano de la inteligencia debe volverse con el alma entera desde la visión de lo que nace hasta la contemplación de lo que es y lo que hay más luminoso en el ser; y a esto hemos llamado el bien, ¿no es así?

—Sí.

—Todo el arte —continué— consiste, pues, en buscar la manera más fácil y eficaz con que el alma pueda realizar la conversión que debe hacer. No se trata de darle la facultad de ver, ya la tiene. Pero su órgano no está dirigido en la buena dirección, no mira hacia donde debiera: esto es lo que se debe corregir.

—Así parece —dijo Glaucón.

Sócrates, aunque desilusionado, decidiría que no puede volver al sistema anterior. Ha visto cómo las empresas modernas prosperan gracias a la innovación y a un ambiente de trabajo donde prima la autonomía y la responsabilidad. Ha aprendido que hay un mundo de posibilidades más allá de los esquemas mentales tradicionales. También es consciente de que muchos no están preparados para dejar atrás lo que conocen y aventurarse en algo nuevo.

«Marta, no estoy convencido de que este sea nuestro lugar», reflexionamos mientras tomamos un café a la salida de la empresa, después de despedirnos del responsable, un tipo que arrastra demasiado los pies para andar y tampoco ha mostrado ningún interés en enamorarnos. Quizá porque él mismo pertenece a la plantilla, disfruta de contrato indefinido y cumple horarios y cometidos, pero hace tiempo que está desvinculado emocionalmente de ella.

Jaume y Marta entran en el Starbucks más próximo. Mientras piden unos *espressos* y un *muffin* compartido, el primero atiende la crónica futbolística del pasado sábado, donde destaca la nueva derrota del Barça en casa frente al Atlético de Madrid, la segunda se detiene en un titular: «La generación Z se engancha al *ghosting* laboral: no acudir a entrevistas o desaparecer el primer día de trabajo». Marta capta la atención de su compañero con un leve toque con el codo:

La plataforma de empleo Indeed revela que el 78 % de los candidatos afirma haber ignorado deliberadamente a los empleadores. (...) Los motivos que justifican la espantada a última hora son la recepción de una oferta de empleo más interesante, con mejor salario, o caer en la cuenta de que no es el empleo más adecuado...

2.
Sentido del mito de la caverna

Sombras, cuevas, grutas, madrigueras, fosas y cavernas son metáforas más que recurrentes en la mitología, la filosofía y la literatura. Representan espacios de introspección, transformación y confrontación. Actúan como lugares de aislamiento donde los individuos se enfrentan a sus sombras, experimentan un renacimiento o alcanzan conocimiento. La caverna ha sido generalmente utilizada en la literatura como símbolo de viaje interior y metamorfosis. En muchos relatos antiguos también simboliza el vientre materno o el inframundo, espacios donde los héroes pasan pruebas y afrontan sus miedos antes de ser purificados.

El mito de la caverna es un ramo de ideas muy comunes para la filosofía idealista: la existencia de una verdad que existe independientemente de las opiniones, la presencia de confusiones o engaños constantes que alejan la realidad. Y el cambio cualitativo que supone el acceso a una epifanía: una vez se la conoce, no hay marcha atrás.

En el campo del management, el descenso al frío sótano de la realidad implica un constante replanteamiento de verdades que, aparentemente, se dan por ancladas. La filosofía, suscribe el pensador y divulgador argentino Darío Sztajnszrajber, tiene que ver con rascarse donde no pica: «Si hay algo que aprendí haciendo filosofía es que, cuando alguien te dice que hay un problema, ahí no hay un problema. Lo más rico de la filosofía es cuando se dedica a problematizar aquellos espacios donde se nos dice que no hace falta problematizar (...) ahí es donde la filosofía tiene que pegar el mordisco».[18]

Es la cruda realidad a la que se enfrentan muchas organizaciones. Que ni siquiera conocen las sombras que les afectan. Sus CEO o directivos no han tenido tiempo —maldita expresión— de detenerse a realizar un análisis de las enfermedades que carcomen sus estructuras. Muchas compañías están en una situación crítica porque no son conscientes, o simplemente prefieren ignorar, las grietas que amenazan su sostenibilidad y crecimiento. Estas fisuras, aunque a primera vista parecen insignificantes, representan problemas estructurales que, si no se abordan a tiempo, pueden convertirse en auténticas crisis que comprometan su viabilidad.

Por ejemplo, una empresa puede estar perdiendo clientes recurrentes debido a una mala experiencia de usuario o un servicio posventa deficiente. En vez de investigar las causas, opta por centrar sus esfuerzos en captar nuevos

18. Sztajnszrajber, D. (2020, febrero). «Hacer filosofía es rascarse donde no pica». *Facultad Libre*. https://www.youtube.com/watch?v=wGm57ZCpFnw

clientes, sin darse cuenta de que está llenando un cubo con agujeros. Del mismo modo, organizaciones con altos índices de rotación de personal suelen atribuir el problema a la falta de compromiso de los empleados, sin analizar factores internos como una cultura laboral tóxica, falta de oportunidades de desarrollo o una gestión inadecuada.

Este tipo de grietas no solo socavan la rentabilidad a corto plazo, sino que afectan a la reputación y a la capacidad de competir en el mercado. Reconocer estas vulnerabilidades requiere valentía y autocrítica, pero es el primer paso hacia la transformación. Ignorarlas, en cambio, equivale a navegar un barco con el casco dañado, creyendo que el agua que entra no será suficiente para hundirlo. La pregunta no es si el problema tendrá consecuencias, sino cuándo y con qué magnitud.

Salir al paso de la realidad —en definitiva, cuestionarse si estamos en la caverna (o si la caverna está instalada en nuestra mente)— implica una actitud permanente de alerta y de honradez, se podría decir. En definitiva, un compromiso de subvertir la realidad (subvertir en el enraizado sentido de sacar las versiones más olvidadas o escondidas). En más organizaciones de las que creemos se mide la innovación en términos de equipamiento informático o tecnología de vanguardia. El uso de la Inteligencia Artificial está en tendencia, olvidando que de nada sirve si no está sustentada en la inteligencia de toda la vida. «Innovar no es solo crear, es romper barreras, cuestionar lo establecido y buscar soluciones a los grandes retos de nuestro tiempo», sentencia

Manuel Heredia, consejero delegado de Crisalion Mobility, después de recoger el galardón al proyecto empresarial innovador en el campo tecnológico de los XVII Premios Cinco Días de 2024.[19]

Estos ingredientes se pueden aplicar también de manera cotidiana, concretamente a la manera en la que la tradición —el maldito «siempre lo hemos hecho así»— y las opiniones hegemónicas moldean puntos de vista y manera de pensar de manera inconsciente. Veamos de qué manera los puntos cardinales del mito de la caverna pueden corresponderse con el panorama de las organizaciones del siglo XXI:

1. El engaño

La ocultación de la verdad, que puede surgir de una voluntad de mantener a los demás con poca información o de la falta de progreso científico y filosófico, encarnaría el fenómeno de las sombras que desfilan por la pared de la caverna. En perspectiva de Platón, este engaño no es necesariamente fruto de una intención deliberada, sino la consecuencia de que lo aparente a los sentidos sea tan solo un reflejo de la verdadera realidad: la del mundo de las

---

19. Aparicio, L. (2024, diciembre). «Manuel Heredia (Crisalion): "Queremos liderar la movilidad eléctrica urbana por aire y por tierra"». *Cinco Días.* https://cincodias.elpais.com/fortunas/2024-12-01/manuel-heredia-crisalion-queremos-liderar-la-movilidad-electrica-urbana-por-aire-y-por-tierra.html

ideas. En términos organizativos contemporáneos, se cae a menudo en la ceguera de admitir que no existe una forma distinta de hacer las cosas, que no es posible sacar otro producto al mercado, que no es posible ofrecer mejor servicio al cliente... o que a las ovejas no van a valorar otro pasto que no sea el conocido.

Uno de los aspectos que explican por qué la mentira impacta tanto en la vida del ser humano es que, para el filósofo griego, está compuesta por aquello que parece evidente desde un punto de vista superficial. Si no tenemos motivos para cuestionar algo, no lo hacemos, y la falacia prevalece.

El provecho de ser disruptivo y cuestionarse la manera, no solo de hacer, sino de pensar las cosas en una empresa, radica en la capacidad de adaptarse y prosperar en un entorno empresarial en constante cambio. La disrupción no solo implica innovar, sino también desafiar las normas establecidas y explorar nuevas vías de crear valor.

Las organizaciones que no se cuestionan sus procesos corren el riesgo de quedarse ancladas en la caverna. Ser disruptivo permite anticiparse a tendencias y responder de manera proactiva a las necesidades cambiantes del mercado. Romper con el «siempre se ha hecho así» pone de relieve que se pueden descubrir oportunidades para mejorar, optimizar o incluso reinventar productos, servicios y modelos de negocio. Las soluciones disruptivas suelen ser difíciles de replicar, lo que otorga una ventaja estratégica frente a los competidores. Esto se traduce en mayor relevancia y diferenciación en el mercado. En resumen, cuestionar lo establecido fomenta una cultura de aprendizaje continuo, creatividad y colaboración. Las organizaciones que valoran este enfoque suelen atraer —y enamorar— talento diverso y comprometido.

El caso de Instagram es un ejemplo perfecto de cuestionamiento de un modelo inicial que conduce a una disrupción exitosa. Cuando Instagram fue lanzado en 2010 originalmente era una aplicación llamada Burbn, enfocada en la geolocalización. Su objetivo era permitir a los usuarios hacer *check-ins* en lugares específicos, similar a Foursquare, con funciones adicionales como subir fotos y añadir texto.

La disrupción no es simplemente una ventaja, sino una necesidad para garantizar la supervivencia. Las empresas que se reinventan constantemente son más resilientes ante crisis y cambios inesperados. Ser disruptivo no es un fin en sí mismo, sino un medio para mejorar, aportar valor y mantener la relevancia. Es un recordatorio de que el éxito no está garantizado por lo que hicimos ayer, sino por la disposición a cuestionarlo todo, incluso las zonas más seguras. Incluso donde aparentemente todo lo hacemos bien. Donde no pican los problemas.

2. La liberación

Desatar las cadenas viene a ser la fase de rebeldía que a menudo puede identificarse como cambio de paradigma. Por supuesto, no es fácil subir ese peldaño, ya que las dinámicas, inercias, estilos y los llamados pensamientos únicos son lastres que actúan de contrapeso. Y tampoco puede invitarse a las organizaciones a saltar al vacío ni exigir heroicidades a los CEO o a los profesionales. Bastante tienen con atender a la reclamación de un cliente por la entrega el viernes de un producto defectuoso o cumplir con el pago de la nómina a fin de mes cuando el flujo de tesorería tirita de frío.

Pero la prudencia debida no puede ser coartada para el inmovilismo. La liberación supone admitir y estar preparados para que muchas de las creencias más interiorizadas se tambaleen, lo cual produce inseguridad, incertidumbre y ansiedad. Para hacer que este estado mute en energía positiva es importante tener una estrategia clara, ir descubriendo nuevos conocimientos y nuevas capacidades. Y, por último, provocar un esfuerzo colectivo. De la caverna también se sale, pero hay que salir juntos. Y, en cualquier caso, el compromiso como equipo será el mejor filtro para separar el grano de la paja; para que cada individuo tome la decisión de si quiere permanecer en la cueva o desea salir a la luz.

Comenzar a caminar hacia la mejora en una organización implica tomar la decisión consciente de dejar atrás la parálisis, que no es otra cosa que el apego a lo conocido, las viejas formas de trabajar y la resistencia al cambio. Este proceso puede ser desafiante, ya que requiere valentía para admitir que lo que funcionó en el pasado ya no es suficiente para enfrentarse al futuro. Sin embargo, dar ese paso abre la puerta a la innovación, la adaptabilidad y la competitividad.

Me viene a la mente una reflexión leída hace tiempo en algún perfil de LinkedIn sobre cómo las langostas cargan con un exoesqueleto rígido que no crece con ellas. A medida que el tamaño de la langosta aumenta, el caparazón comienza a quedarse pequeño, lo que le provoca una fuerte incomodidad. Y aquí viene la enseñanza: el crustáceo se refugia en un lugar seguro para desprenderse de su viejo caparazón en un proceso que no está exento de coraje y vulnerabilidad. Durante este proceso, que repite varias veces a lo largo de su existencia, la langosta permanece blanda y expuesta, pero posibilitando un caparazón más amplio que le permita seguir creciendo.

El inmovilismo en una empresa es como anclar un barco en un puerto seguro, pero que no permite avanzar hacia nuevos destinos. Si una organización no se cuestiona ni evoluciona, queda atrapada en su zona de confort, mientras el mundo a su alrededor avanza. Emprender este camino hacia la mejora requiere, primero, reconocer que el cambio es inevitable y comprometerse a desafiar el *statu quo*.

A principios de la década del 2000, la empresa juguetera Lego se enfrentaba a una crisis significativa. Sus modelos de negocio tradicionales, basados en la venta de bloques de construcción, estaban perdiendo relevancia ante la competencia de videojuegos y juguetes electrónicos. Durante mucho tiempo la empresa se resistió a adaptarse, confiando en que su reputación e historia eran suficientes para mantenerse vigente. Esta situación casi conduce al colapso. Sin embargo, Lego decidió romper las cadenas y abandonar la caverna: diversificación del producto (expansión hacia líneas como videojuegos como Lego Star Wars, películas —*The Lego Movie*—, y sets dirigidos a nichos específicos —como adultos—); innovación sin perder la esencia (productos más interactivos, pero siempre manteniendo las icónicas piezas) y colaboración estratégica (alianzas con grandes franquicias como Harry Potter y Star Wars).

El inmovilismo es cómodo, pero nunca es sostenible. Empezar a caminar hacia la mejora no significa abandonar la identidad de una organización, sino transformarla para que sea relevante en un mundo que no deja de evolucionar. Cada cierto tiempo hay que desprenderse del caparazón que limita el crecimiento.

3. La ascensión y la luz

El camino a la verdad es un proceso embarazoso que implica desprenderse de creencias muy arraigadas. Es un gran cambio psicológico que se plasma en la renuncia a viejas certezas y apertura a nuevas verdades, que para Platón son el fundamento de lo que realmente existe.

El ateniense sostenía que el pasado de las personas condiciona el modo en el que experimentan el presente, y de ahí que un cambio radical en la manera de entender las cosas tuviera que acarrear necesariamente malestar e incomodidad. De hecho, queda ilustrado mediante la imagen del individuo que trata de salir de la cueva en vez de permanecer sentado y, al llegar al exterior, recibe la luz cegadora de la realidad.

En el teatro griego, la catarsis no solo purifica, sino que también obliga a los personajes (y a los espectadores) a confrontar una verdad incómoda, lo que muchas veces se relaciona con la metáfora de la ceguera y la visión; personajes como Edipo permanecen ciegos al descubrir su destino. En el ámbito empresarial, ya se dijo líneas arriba que la ceguera organizacional representa la incapacidad de reconocer problemas fundamentales, resistencias al cambio o realidades del entorno. Esta sinrazón, muchas veces, se alimenta del éxito pasado.

Así como Edipo descubre su destino y se enfrenta a las consecuencias, las organizaciones deben ser honestas al diagnosticar sus debilidades. Por ejemplo, una empresa puede estar perdiendo cuota de mercado y ponerse la venda en los ojos por miedo al cambio. Reconocer la realidad es el primer paso hacia la mejora.

En el teatro griego, la catarsis permite al público liberar emociones reprimidas. En una empresa, gestionar la ceguera significa canalizar el impacto emocional de aceptar errores o realidades incómodas, para que estos no paralicen a los equipos. Ello requiere liderazgo que inspire confianza y promueva la reflexión. Al aceptar la realidad, surge la oportunidad de reinventarse. La luz de la verdad no solo revela problemas, sino también los caminos hacia nuevas oportunidades, siempre que la organización esté dispuesta a moverse más allá de sus limitaciones.

Nokia, antaño líder indiscutible en telefonía móvil, vivió en la ceguera de no reconocer la velocidad de cambio que traía la era de los teléfonos inteligentes. Su resistencia a adoptar sistemas operativos más avanzados como Android fue un acto de negación de la realidad. Cuando finalmente se enfrentó a ella, aunque doloroso, comenzó un proceso de reinvención. Hoy es un referente en tecnologías de telecomunicaciones y redes 5G. Este proceso fue su catarsis, que permitió salir de la cueva hacia una nueva visión estratégica.

4. El retorno

El retorno sería la última fase del mito de la caverna, que consistiría en la socialización de nuevas ideas. Para Platón, quien ha tenido acceso a la realidad tiene la obligación moral de ayudar al resto a desprenderse de la ignorancia. Nace así la idea de difundir el conocimiento en términos organizacionales. Aunque las ideas de quien regresa a la caverna resulten desconcertantes entre los que todavía la habitan, existe un compromiso de ayudar a entrar en una nueva mentalidad.

El mito de la caverna de Platón no es una historia de liberación individual. Es una concepción del acceso al conocimiento que parte de una perspectiva individualista; pero, una vez alcanzada la luz, surge la vocación a compartir.

¿Cómo trasladar las reflexiones expuestas a las empresas de nuestra era? Caben, como poco, dos vertientes. La primera hace referencia a la urgencia de compartir conocimiento dentro de las organizaciones, que va mucho más allá de fomentar la colaboración, la innovación y el crecimiento colectivo. El efecto «Gollum», ya aludido en la introducción, es un lunar en la actitud de los líderes o profesionales que se aferran al conocimiento como a un tesoro. Temiendo perder poder, relevancia o control, esta mentalidad individualista puede frenar el desarrollo organizacional y dificultar la construcción de equipos cohesionados. Xavier Marcet, presidente de Lead to Change, lo explicaba muy bien en un artículo dominical: «Es mejor tener una geografía de nexos que una geografía de silos. La complejidad aumenta enormemente cuando se deterioran los nexos (...) La cultura del nexo se basa en el respeto y la complicidad, la cultura del silo se basa en el interés. Los líderes consistentes siempre potencian los nexos, influyen para unir; los malos jefes refuerzan los silos, perimetran su inseguridad, custodian su poder. (...) La gestión de la calidad nació para evitar estas patologías de la fragmentación, hasta que, en algunas empresas, los departamentos de calidad devinieron en un silo más».[20]

El verdadero potencial del conocimiento se alcanza cuando fluye. Compartir conocimientos permite que las ideas evolucionen, se complementen y se transformen en solucio-

20. Marcet, X. (2024). «Pacto antisilos». *La Vanguardia*. https://www.lavanguardia.com/dinero/20241222/10228308/pacto-antisilos.html

nes valiosas y estratégicas. Cuando las personas comparten conocimiento se genera un entorno de confianza. Esto elimina trincheras, fomenta la colaboración y refuerza el sentido de pertenencia. Las organizaciones que valoran la transparencia tienden a ser más ágiles y adaptables.

Una empresa donde el saber hacer está bajo llave es vulnerable. Y, si los guardianes de la información abandonan la organización, se genera un vacío crítico. Socializar el conocimiento con sentido asegura que las capacidades y la experiencia queden integradas en la cultura y los procesos, fortaleciendo su continuidad.

Es importante que los líderes promuevan una cultura donde compartir información no sea visto como una pérdida de poder, sino como un acto de liderazgo y generosidad que beneficia al colectivo. Es altamente recomendable implantar sistemas de reconocimiento que premien a quienes colaboran y comparten sus ideas o habilidades. Esto es, rescatar a otros de la caverna. Bastantes siglos atrás, el presocrático Heráclito ya advertía que los despiertos poseen un único mundo en común, solamente los dormidos habitan en mundos particulares.

Toyota es conocida por su enfoque Kaizen, que se basa en la mejora continua. Un eje de esta filosofía es permear erudición y aprendizaje entre la organización. Los empleados de todas las áreas y niveles son alentados a aportar ideas y a capacitar a otros. El flujo constante de información ha convertido a Toyota en un ejemplo de eficiencia y adaptación.

En segundo lugar, encender una luz en la caverna tiene otra dimensión que no muchas organizaciones se atreven a afrontar. El concepto de «coopetencia», que combina cooperación y competencia, es una de las estrategias más poderosas y vanguardistas en el ámbito empresarial. Implica colaborar con competidores para generar valor mutuo, incluso mientras se compite en otros aspectos. A menudo, las compañías temen que mostrar el escaparate de su saber hacer sea aprovechado por sus competidores para copiar ideas o ganar ventaja. Sin embargo, este miedo tiende a ser una barrera que limita la innovación y, por consiguiente, el potencial de crecimiento.

En un mercado interconectado, colaborar con competidores puede acelerar el desarrollo de nuevas tecnologías, estándares o soluciones que beneficien a toda la industria. Al compartir recursos, conocimientos o plataformas, las empresas pueden lograr metas que serían inalcanzables trabajando de manera aislada. El mercado no es un juego de suma cero. No todas las empresas compiten por los mismos clientes o con las mismas propuestas de valor. Al colaborar, es posible crear oportunidades de negocio donde las distintas partes ganen. Por ejemplo, al unir esfuerzos para desarrollar un mercado emergente o afrontar desafíos comunes como la sostenibilidad o la digitalización.

El miedo a ser copiado es una visión cicatera. Si otros te siguen o te imitan, es señal de que estás liderando y marcando tendencia. El verdadero éxito no está generalmente en la idea inicial, sino en la capacidad de ejecutarla y mejorarla continuamente. Una empresa innovadora siempre estará un paso adelante, no por protegerse, sino por avanzar más rápido y de manera más inteligente. Además, la coopetencia no solo beneficia a las empresas participantes, sino también al ecosistema en general. Al colaborar, se pueden establecer estándares comunes, reducir costes para los consumidores y promover una competencia más justa y ética.

Siempre pongo como ejemplo a mis alumnos a Fernando Campoy, CEO y fundador de la toledana Cervezas Domus. Maestro cervecero de la —quizá— mejor cerveza artesana del mundo, no se arredró en sus orígenes a compartir su pericia con otros aspirantes a ocupar el mercado del incipiente sector de la cerveza de fabricación artesanal. Sus sabias reflexiones le llevaron a priorizar un ensanchamiento del nicho antes que guardar sus fórmulas bajo llave. Salvando las distancias, Apple y Samsung han mantenido una relación de coopetencia durante años. Samsung es uno de los principales proveedores de componentes clave para los productos de Apple, como pantallas y chips. Mientras compiten ferozmente en el mercado, la concordia ha permitido a ambas fortalecer sus cadenas de suministro y continuar innovando. La coopetencia no es un signo de debilidad.

Obviar estos dardos que nos dispara el mito de la caverna de Platón es cerrar los ojos a zonas del cuerpo que, quizá sin picores, o precisamente por ello, merecerían un pensamiento emancipatorio. Considerando las organizaciones como motores de crecimiento que tienen como objetivo un propósito estratégico, actúan sobre ellas frenos y aceleradores que no dan la cara. Cuando se produce una rémora en el desempeño suele aparecer la tentación de emplear presiones añadidas sobre el motor. «En la gran mayoría de los casos, la disminución de la velocidad está ocasionada por la existencia de límites al crecimiento. Si forzamos al motor aplicándole presiones con los frenos puestos, no conseguiremos avanzar más que en el muy corto plazo; si insistimos con la aplicación de presión en estas condiciones, terminaremos destruyendo el motor»,[21] sentencia Roberto Serra, el fundador de la Sociedad Latinoamericana de Estrategia. La solución estaría en destrabar los límites al crecimiento para así poder crecer de manera natural. El motor no puede avanzar con los frenos echados, pues corre el riesgo de dañarse.

La introducción a este volumen concluía con una referencia cinematográfica que contribuye a entender el paralelismo entre la caverna de Platón y la sombría realidad en que se encuentran muchas organizaciones, viendo no más que sombras de una realidad que no existe. Reconozco una cierta querencia al séptimo arte gracias a mi gran amigo Santiago Requejo, director de películas con valores, pensadas y producidas para desenmascarar con elegante y respetuosa maestría realidades sociales que nos incumben. Estoy

21. Serra, R. (2021). «La estrategia disruptiva y la complejidad». *Revista de la Unidad de Investigación de la Facultad de Economía de la UNAS.*

convencido de que suscribiría las reflexiones de la doctora en Filosofía de la Universidad de Navarra, María Idoia Zorroza: «Cuando entramos en una sala de cine, la oscuridad que nos rodea, la pantalla como único foco de atención posible y el tamaño del medio que nos transmite las imágenes e incluso el volumen del sonido, hacen que nos olvidemos de nuestra propia realidad y circunstancias, y que hagamos un paréntesis existencial para introducirnos virtualmente en la historia, los personajes, o la trama, que nos narra la película. (...) El artista crea una nueva realidad, no para que imite la realidad en la que vive, sino para darle su propio aliento vital, para que tenga una vida autónoma e independiente».[22]

22. Zorroza, M. I. (2007). «Ficción, experiencia y realidad. ¿Qué tiene que ver la vida con el cine?». *Revista de Comunicación*, nº 6.

3.
Talento fuera de la caverna

¿A quién no le ha sucedido que llega tarde a trabajar y busca las llaves del coche, pero no consigue encontrarlas por ninguna parte? Cualquiera en similar circunstancia sabe lo útil que es pensar en el color, tamaño y forma del objeto perdido. Sorprendentemente, determinados atributos que quedan fuera de la vista también entran en juego durante la búsqueda.

Investigadores de la Universidad Johns Hopkins (en Estados Unidos) iniciaron una serie de experimentos en los que pidieron a un grupo de voluntarios que detectaran objetos cotidianos en un desorden. Los resultados fueron sorprendentes: los encontraron un 20 % más rápido si podían tener en cuenta rasgos físicos latentes, como la dureza o la suavidad, a pesar de que las personas no eran conscientes de dichos factores. «Lo que hace el hallazgo particularmente llamativo desde el punto de vista de la ciencia es que conocer las propiedades de los objetos es suficiente para ayudar a guiar su atención hacia ellos»,[23] señala el autor del estudio,

23. *El Confidencial.* (2020, mayo). «El truco que nos ayuda a encontrar las cosas cuando tenemos prisa». https://www.elconfidencial.

Jason Fischer, neurocientífico cognitivo en el departamento de Ciencias Psicológicas y Cerebrales. Es sorprendente porque casi todas las investigaciones previas en esta área se han centrado en una serie de propiedades visuales que pueden facilitar la búsqueda, pero lo que se sabe sobre los objetos puede ser tan importante como lo que se ve.

Para llegar a la respuesta, Fischer llevó a cabo un experimento. Se pidió a una serie de voluntarios que localizaran objetos cotidianos en medio del desorden. El objeto a veces se diferenciaba por su dureza y el equipo descubrió que los participantes utilizaban implícitamente la distinción de este rasgo para localizar un objetivo más rápidamente, a pesar de que ninguno fue consciente de que la dureza era relevante. Se aprovecha automáticamente lo que se sabe sobre esa característica para evitar la distracción con otras cosas.

Cuando los investigadores se detuvieron en dónde ponían la atención los participantes, descubrieron que dedicaban menos tiempo a mirar objetos que no tenían la dureza o suavidad correctas. «En el fondo de nuestras mentes, siempre estamos evaluando el contenido físico de una escena para decidir qué hacer a continuación», añade Fischer. Nuestros motores mentalmente intuitivos están constantemente trabajando para guiar no solo cómo interactuamos con las cosas en nuestro entorno, sino también cómo distribuimos nuestra atención entre ellos.

___

com/alma-corazon-vida/2020-05-14/invisible-aliado-ayuda-encontrar-cosas-dureza_2592652/

¿Qué tiene que ver todo esto con el talento? Todas las organizaciones dicen desear y buscar talento, a veces desesperadamente. Como paso previo a enamorarlo, sin embargo, ¿saben identificarlo?, ¿dirigen bien la búsqueda?, ¿tienen los cazatalentos las ideas claras sobre dónde y cómo echar las redes? Más aún, ¿los profesionales de recursos humanos se han parado a pensar qué es el talento?, ¿se puede encontrar sin saber cuál es su fórmula?, ¿se necesita el mismo talento ahora que hace diez o quince años? Muchas empresas buscan a ciegas, como una aguja en un pajar. O en una caverna.

En paralelo, desarrollar una personalidad talentosa es el anhelo de toda persona quien desea prosperar y ponerse a tiro de los reclutadores. Sin embargo, pudiera ser que la idea contemporánea de talento que atesoran los profesionales, sobre todo los juniors, no coincida con la que necesitan las organizaciones. Ser «One Club Man» (jugador de un único club en toda su carrera), en términos deportivos, no es tendencia. Explorar y cambiar de trabajo, incluso probar suerte en sectores, ámbitos o lugares diversos se ha convertido una práctica ya denominada «turismo laboral». Los *job hoppers* o *job jumpers* suelen pertenecer a la generación *millennial* o *post-millenial* y se identifican por buscar permanentemente nuevos retos y mejoras en sus condiciones materiales, pero también emocionales; persiguen metas claras y no temen nuevos desafíos. Adaptarse rápidamente a nuevos entornos los hace valiosos en sectores cambiantes, y desarrollan una amplia gama de habilidades interpersonales debido a su experiencia en variados roles. Lo cierto es que esta nueva tendencia vino para quedarse, sobre todo, en el sector tecnológico.

La disparidad de afluentes que emanan del talento es un factor que complica las actuales relaciones laborales. Para muchos, el talento se mide principalmente en términos de habilidades técnicas, productividad y capacidad de adaptarse a las necesidades organizacionales. Bajo este enfoque, se percibe como un recurso funcional al servicio de objetivos corporativos. Otros, en una versión más *cool*, suelen asociar talento a potencial creativo, a la posibilidad de desarrollar habilidades únicas y al reconocimiento de la individualidad. Incluso cotiza que el talento no sea más que una moneda de cambio que genera recursos destinados a satisfacer dimensiones más lúdicas y sociales; en definitiva, menos ambiciosas y comprometidas profesionalmente hablando.

La divergencia de perspectivas genera tensiones, pues hay organizaciones que ponen el acento en encajar a sus profesionales en moldes predefinidos, mientras que las generaciones más noveles, y ya no tan noveles, anhelan espacios donde puedan destacar y crecer según sus fortalezas personales. Para cerrar este tipo de brechas es necesario un diálogo que permita redefinir el talento como un equilibrio entre las metas organizativas y el desarrollo personal de tinte, digamos, más romántico.

Un ejemplo de disparidad puede observarse en el ámbito de la creatividad. Una organización suele valorar el talento creativo si está orientado a resolver problemas específicos o generar resultados tangibles, como campañas de marketing exitosas o innovación de productos. En cambio, un profesional creativo, salido de alguna de las escuelas más *snob*, digamos por caso de Milán, puede considerar su talento como la capacidad de experimentar, proponer ideas fuera de lo convencional y explorar nuevas formas de expresión; incluso si no tienen impacto inmediato en los resultados. Hacer compatibles ambas visiones no es sencillo.

Desgranar sus componentes será un primer paso para convenir qué podemos entender por talento. Para, en consecuencia, tomar conciencia de que, quizá, todavía pensamos en una concepción del talento oscura, propia de la caverna, anclada en una proyección profundamente interiorizada pero que no responde a la realidad. Ni mucho menos a la exigencia de las organizaciones del siglo XXI. En resumen, iluminar las zonas más sombrías que se proyectan en nuestra mente pasará por redescubrir qué es realmente el talento.

Platón da pistas sobre dónde dirigir la mirada. Como síntesis, aboga por que sean los individuos mejor preparados intelectualmente los que ocupen los puestos de responsabilidad. Es decir, quienes, dedicados al conocimiento (a la filosofía), son amantes del saber y demuestran poseer virtudes desde el punto de vista ético, lo que los convierte en modelos de responsabilidad y buen hacer. Nuestro CEO en la caverna también menciona la necesidad de buscar personas sensatas, entendiendo por ello comprometidas y preocupadas por la comunidad, además de influyentes, es decir, con capacidad de movilizar a los demás.

La reflexión, de entrada, ya contrasta con la realidad de muchas organizaciones, a menudo inflacionadas con profesionales «sándwich mixto». Vaya por delante que no tengo nada contra el sándwich mixto. Cumple su función con sus ingredientes básicos: jamón cocido, queso fundido y pan de molde tostado. Sin embargo, nadie lo elegiría para un menú de boda. Es decir, es una comida de calidad media, por no decir mediocre, en el sentido de escaso mérito. Echemos un ojo a nuestras organizaciones, de arriba abajo, desde los dirigentes hasta los últimos en llegar. ¿No es verdad que muchas solo saben a jamón y queso? En contraste, el lector permitirá hacer un inciso para nombrar a la empresa Adelsys Endless Possibilites, cuyo CEO, Fernando Martín, es ejemplo de resistencia al jamón cocido y queso fundido, tanto en la vertiente profesional —exigente con el máximo estándar de compromiso propio y de sus profesionales— como culinaria. Quien ha probado sus garbanzos con bogavante da fe de que está por inventarse la certificación de calidad que acredite el resultado de sus fogones.

Volvamos al argumento. Alain Deneault, filósofo y profesor de Sociología de la Universidad de Quebec, expone «cómo las mediocres aspiraciones que invaden la sociedad están provocando ciudadanos cada vez más idiotas. Condenados a desayunar, comer y cenar un sándwich mixto. La mediocracia nos anima (...) a amodorrarnos antes que a pensar, a ver como inevitable lo que resulta inaceptable y como necesario lo repugnante».[24]

Llegados a este punto, ¿qué carajo es el talento? ¿Qué factores determinan una persona talentosa? ¿Cómo hacer para no contratar gato por liebre?

Un poco de retrospectiva para tomar impulso. El talento fue una unidad de medida que se remonta al Imperio Babilónico, asociada al peso de los metales empleados para el intercambio de bienes. Así, en Grecia, un talento correspondía al peso del agua necesaria para llenar un ánfora, equivalente aproximadamente a 26 kg. En época del Alto Imperio Romano, el *talentum* equivalía a un peso de 32,4 kg, correspondiendo a un valor de 9.600 denarios.

El uso figurado de capacidad, aptitud o competencia tiene su origen en la mención hecha por Jesús en la conocida «Parábola de los talentos» (Mt 25, 14-30). Desde entonces, el término ha ido adquiriendo un significado alejado de su origen puramente material. Posteriormente, en el denominado Siglo de Oro español, Calderón de la Barca, en el auto sacramental *El gran mercado del mundo* (c. 1635-1640), hace notar este punto de inflexión:

Llamad a todos, haciendo / de lo que vendéis alarde / para que se inclinen ellos, / a comprar, puesto que viene / cada uno con su talento; / y advertid que aunque haya sido / talen-

24. Deneault, A. (2019). *Mediocracia: Cuando los mediocres toman el poder*. Editorial Turner.

to moneda, es cierto que / en aquella alegoría, / se habla del alma, haciendo / de él moneda imaginaria.

La Real Academia Española de la Lengua ofrece una definición de «talento» conectada a la inteligencia en su sentido de capacidad intelectual. Y con la aptitud en la vertiente de destreza, capacidad para el desempeño o ejercicio de una ocupación. Así, se conjugan dos elementos: el intelectual asociado al conocimiento y el práctico vinculado a la acción que añade valor a dicho conocimiento. Si se suma el volitivo, comienza a vislumbrarse el indispensable binomio de la aptitud y la actitud al servicio de un objetivo.

El vocablo «talento» es usado coloquialmente en muchas y variadas situaciones. Ser listo, inteligente, capaz, poseer conocimientos y dotes brillantes, útil o apto, son expresiones del lenguaje común. Se trata de acepciones genéricas, relacionadas con el mero acopio de capacidad y conocimiento, y desprendidas, en cierta medida, de la orientación a resultados que exige el ámbito empresarial. Entre las más frecuentes se encuentra la que asocia el talento a la capacidad de entender o inteligencia como factor determinante.

La inteligencia es un concepto en continua reflexión e investigación. Conocidos son los enfoques cualitativos de Piaget y los cuantitativos de autores como Terman, Burt o Vernon. Frente a ellos, interesan fundamentalmente los que destacan las definiciones de tipo operacional, asociando la inteligencia a aquello que los distintos recursos y pruebas miden, es decir, los resultados obtenidos. En un paso más, Howard Gardner, padre de las denominadas «inteligencias múltiples», define la inteligencia como una capacidad o conjunto de capacidades que permiten a un individuo resolver problemas de singular importancia en un entorno cultural concreto.

Las modernas definiciones de inteligencia tienden a aproximarse a la obtención de resultados exitosos en un marco de actuación o entorno particular. Así, en la conocida parábola bíblica, el mercader reprende al tercer criado porque, aún teniendo recursos —en su acepción de potencial—, se limita meramente por ponerlos a salvo, sin preocupación ni motivación de ofrecer resultados, haciendo estéril el talento.

Esta manera de entender el talento premia a quien obtiene el cien por cien de resultado sobre el cincuenta por cien, independientemente de los recursos disponibles *a priori*. Ello democratiza el concepto de talento y lo hace accesible a cualquiera. En esta línea, el documento «Promoting Talent and Excellence», publicado por el Ministerio de Educación austríaco en el año 2013, sostiene algo parecido a que promocionar el talento es desarrollar de la mejor manera posible el potencial de todos, no el de una minoría excepcional.

Con la pretensión de evitar disquisiciones terminológicas se parte de una definición, más o menos consensuada: «Talento es la capacidad puesta en práctica por una persona, que tiene la voluntad y el compromiso de alcanzar resultados superiores en el entorno concreto de una organización o empresa».

A la hora de plantear la gestión y el desarrollo del talento, es importante delimitar las parcelas en que queda diseccionado, pues cada una exigirá una metodología y tratamiento diferenciado. Una acertada política de desarrollo de talento requiere separar los conocimientos y destrezas —elementos más sencillos de identificar, gestionar, desarrollar y evaluar— de las competencias, que precisan una labor más complicada y minuciosa.

Se parte de capacidades en sentido amplio, integradas por el conjunto de conocimientos adquiridos, la experiencia acumulada y las habilidades o competencias desplegadas en el desempeño. Todo ello representa la zona del «PUEDO» hacer una determinada actividad. En segundo lugar se sitúa la zona del «QUIERO», es decir, del compromiso. Finalmente, identifica una tercera área vinculada a la acción bajo la expresión «CONSIGO». El talento sin la vinculación al logro se queda en nada.

Sin embargo, desde una óptica del desarrollo del talento, necesitamos profundizar aún más, ahondando en la zona denominada de capacidades, y separando conocimientos y destrezas de competencias. Así, se podrían definir tres áreas que configuran el talento:

- SÉ HACER ALGO: conocimiento.
- PUEDO HACER ALGO: competencia.
- QUIERO HACER ALGO: compromiso.

A partir de aquí, será preciso poner el foco en la zona donde la gestión y el desarrollo del talento cobran su mayor peso. Antes se llegó a la conclusión de que el conocimiento técnico o teórico está más ligado al talento vinculado al desempeño actual, mientras que diferentes competencias relacionadas con una visión más amplia, dinámica y estratégica determinan el talento denominado de alto potencial. De ahí que podamos afirmar que el desarrollo del talento en las organizaciones deberá atender principalmente al desarrollo de competencias que favorezcan el alto potencial de sus profesionales. Un pilar fundamental es la capacidad y predisposición al aprendizaje permanente.

Ello no significa, en absoluto, que la gestión y el desarrollo de talento deba desatender la formación técnica o la adquisición de conocimientos. Más aún, es la base sobre la que se construye un itinerario profesional. Simplemente hay que suponer que en un mercado competitivo las personas que aspiran a determinados niveles profesionales cuentan con los conocimientos suficientes y necesarios. Sin embargo, como afirma Michio Kaku, físico estadounidense de origen japonés especialista destacado de la teoría de cuerdas: «Nuestro concepto de inteligencia solo es parcialmente correcto. Pensamos que alguien es inteligente por saber cosas, pero eso no es la esencia de la inteligencia. La esencia de la inteligencia es ver el futuro».[25] En estimular la creación de un futuro que no existe radica la capacidad de ser inteligente.

25. Millán, A. (2024, marzo). «"Pensamos que la inteligencia es saber cosas, pero la esencia de la inteligencia es ver el futuro", Michio Kaku, el físico visionario famoso por sus predicciones científicas». *BBC News*. https://www.bbc.com/mundo/articles/c4njwdqelzwo

La inteligencia, entendida como visión de futuro, encuentra un paralelismo poderoso en la alegoría de la caverna de Platón. Los prisioneros viven encadenados y su realidad está limitada por lo que ven, pero no por lo que podrían comprender si salieran al exterior. De manera similar, la inteligencia como visión de futuro representa la capacidad de trascender lo inmediato, lo aparente, y mirar más allá de las sombras del presente. Cuestiona el *statu quo*, explora nuevas perspectivas y anticipa posibilidades aún no materializadas. Así como el prisionero liberado en la alegoría descubre que las sombras eran solo un reflejo de una realidad, una mente visionaria entiende que las circunstancias actuales no son un destino fijo, sino un punto de partida.

Esta forma de inteligencia requiere valentía y esfuerzo. El prisionero que asciende hacia la luz se enfrenta al deslumbramiento inicial y la confusión, pero persevera hasta comprender el mundo exterior. De igual modo, la visión de futuro en las organizaciones exige salir de las certezas confortables, abrazar la incertidumbre y atreverse a imaginar soluciones innovadoras. Es una inteligencia que no se conforma con interpretar las sombras, sino que busca comprender las causas y diseñar el camino hacia un horizonte más luminoso.

En consecuencia, el talento como visión de futuro no solo va de conocimiento, sino de acción y transformación. Es la chispa que libera a las personas y sociedades de la caverna de sus limitaciones. Ilumina posibilidades que, inicialmente invisibles, pueden convertirse en realidad. La diferencia, como factor determinante de éxito, estará en las competencias, presentes y sobre todo futuras, que los profesionales sean capaces de aportar y desarrollar, y que actuarán como efecto multiplicador de conocimientos.

Un aspecto fundamental del talento es que requiere, para ofrecer resultados adecuados, de un entorno u organización que permita su desarrollo. El talento no es escaso, lo que son escasas son las organizaciones donde el talento echa raíces y se desarrolla. Es concluyente que un profesional puede alcanzar sus máximos resultados en un entorno y no necesariamente en otro. Un individuo atesora talento si tiene la capacidad de crear valor en torno a un equipo. Por tanto, la interacción dentro de grupos talentosos juega importancia capital en la obtención de buenos resultados.

La interacción de diferentes talentos permite hablar de organizaciones inteligentes. Así, el psicólogo y educador José Antonio Marina afirma que «el talento de un grupo, una sociedad o una organización es su capacidad de elegir bien las metas y de movilizar todas las inteligencias individuales que lo componen para conseguir alcanzarlas, aumentando así mismo las posibilidades».[26] De ahí que se hable cada vez más de las *learning organizations*, u organizaciones que aprenden. Para ello será imprescindible crear una verdadera mentalidad de talento.

26. Marina, J. A. (2016). *Objetivo: generar talento*. Editorial Conecta.

Un elemento importante del talento relacionado con el entorno es la necesidad de adecuación al grupo en el que se desarrolla. En el libro *Inteligencia musical*, el director de orquesta Íñigo Pirfano (2013) relata la entrevista que en una ocasión realizaron al clarinete solista de una orquesta estadounidense sobre la cuestión de la afinación de los instrumentos de viento. «La afinación supone para cada uno establecer el sonido colectivo como principal prioridad. (...) Si alguien del grupo se encontraba ligeramente alto o bajo de afinación, todos los demás *desafinaban* con él para que la afinación del conjunto quedara salvada», afirmaba el músico. Tener la madurez suficiente para entender que las necesidades y objetivos del grupo, organización o empresa están por encima de los intereses y metas individuales es un gran paso hacia la generación de una mentalidad de talento.

A pesar de que Aristóteles en su *Ética a Nicómaco* afirmara que la excelencia no es un acto, sino un hábito, a lo largo de mucho tiempo se entendió que el talento era innato. A finales del siglo XIX, algunos autores comenzaron a discrepar de la teoría genética. Así, el psicólogo norteamericano William James advirtió que «si los jóvenes supieran lo pronto que se convertirán en meros manojos de hábitos, prestarían más atención a su conducta mientras todavía tienen plasticidad».[27]

27. James, W. (1989). *Principios del Psicología*. Fondo de Cultura Económica de España.

La investigadora estadounidense Carol Dweck, en su obra *La actitud de éxito* (2016), explica que carecen de mentalidad de crecimiento quienes creen que nacemos con una tasa de talento que se mantiene durante toda la vida. Sin duda, venimos a este mundo, según la autora, con un material genético incorporado, pero no es menos cierto que, mediante procesos de educación, se puede —y se debe— modular dicho abastecimiento innato y generar así talento.

En el ámbito educativo son muchos los estudios que insisten en que la motivación hacia la excelencia y el aprendizaje constante, persistente y no exento de esfuerzo y superación es determinante en un adecuado desarrollo del talento. Los profesores Francisco López e Isabel García, miembros de la cátedra de Políticas Educativas de la Universidad Camilo José Cela, afirman lo siguiente: «Existe una relación intensa y directa entre resiliencia y éxito escolar. Aun cuando, como es bien sabido, los análisis de regresión no resuelven el problema de la dirección en la atribución causal, en este caso, y habida cuenta de la naturaleza de las variables correlacionadas, cabe postular (...) que los valores que subyacen a la resiliencia como virtud contribuyen, en buena medida, a explicar los elevados resultados escolares».[28]

---

28. López, F., y García, I. (2017). «Valores y éxito escolar». *Universidad Camilo José Cela*. https://www.ucjc.edu/wp-content/uploads/valo resyexito_171116.pdf

Uno de los expertos que más ha estudiado la influencia del talento en el éxito personal es el editor estadounidense Geoff Colvin. En su ensayo *The Talent is Overrated* (2008) explica cómo el llamado don natural incorporado al equipamiento genético es un elemento mucho menos importante de lo que puede parecer en las personas que han alcanzado cotas de éxito elevadas. Solo desde bien entrado el siglo xx se comenzó a pensar seriamente que el talento podía educarse y desarrollarse. En la actualidad, aceptando la posibilidad de cultivar el talento, la mayor parte de los autores coinciden en que el peso genético es un factor cada vez menos condicionante.

Las investigaciones recientes demuestran que esa no es la razón por la que determinadas personas alcanzan resultados extraordinarios. Más bien, el quid está en la denominada «práctica deliberada» o tipo de actividad específicamente definida que es entrenada con gran intensidad. Sin embargo, no se trata simplemente de trabajar duro y repetir de forma constante determinadas tareas. La práctica deliberada implica definir meridianamente un objetivo, seguir un plan perfectamente dibujado y acompañarlo de una firme voluntad o deliberación.

Cuando vemos a los mejores desempeñando exitosamente sus actividades con gran facilidad y naturalidad pensamos erróneamente que son distintos. Efectivamente lo son, pero no porque nacieran diferentes. Son personas que han practicado deliberadamente, sin desfallecer, una determinada tarea o actividad. Un ejemplo de ello es la diferente predisposición de los habitantes asiáticos por el desempeño y actitud persistentes fruto de la cultura del arroz, intensiva en trabajo y esfuerzo.

Un factor determinante de la práctica deliberada es el «efecto multiplicador». Identificada una leve ventaja, el firme y consistente desempeño multiplica dicha prelación. En un campus deportivo dirigido a menores, una de las participantes preguntó a la veterana tenista Martina Navratilova cuántas horas debía practicar para ganar un Grand Slam. «Si haces esa pregunta, nunca serás una campeona», confesó.

¿Cuál es la fuente de los desempeños extraordinarios? ¿Es resultado de un talento específico innato la clave para hacer algo con notable maestría, como cantar una canción, jugar al baloncesto o vender automóviles?

Malcolm Gladwell añade un elemento más a esta teoría. Afirma que el éxito o el triunfo son producto de un trabajo duro, de la práctica deliberada y determinada, pero también de las circunstancias y el contexto. El autor denomina a estos factores contingentes «ambiente de apoyo». El entorno condiciona la posibilidad de dedicar tiempo y esfuerzo a la práctica deliberada y, de igual manera, la práctica deliberada requiere una continua y persistente exigencia personal incluso más allá de haber alcanzado el éxito. Así se explica que el golfista Tiger Woods cambiara de entrenador personal al no mostrarse satisfecho con su *swing* después de haber ganado dos veces el Torneo de Maestros. El mejor golfista del mundo necesitaba añadir nuevas exigencias si quería seguir compitiendo.

En resumen, ¿qué aportan estas reflexiones a las organizaciones de 2025 que corren el riesgo de quedarse en la sombría caverna del pasado? Como poco, que la identificación del talento y su desarrollo no hay que centrarlo de manera determinante en personas extraordinarias que dicen poseer habilidades innatas. La ciencia orienta a poner el acento en identificar individuos que, partiendo de la detección de pequeñas ventajas genéticas, han interiorizado procesos de desarrollo de competencias o cualidades. Pero, sobre todo, las reflexiones anteriores llevan a concluir que los profesionales más valiosos son los que, alentados por la combustión de la motivación, se esfuerzan en desarrollar y cultivar sus competencias mediante una tenaz práctica deliberada.

Entornos que favorecen el talento

El puerto de Vigo ha dado luz a un pionero programa con el objetivo de reconocer el talento de sus trabajadores. Lo hace apoyando vocaciones emprendedoras en el prototipado de soluciones concretas a desafíos sociales, económicos y ambientales. Los protagonistas del proyecto «Ondiñas» ha visto la oportunidad del aprovechamiento energético del mar con el objetivo de ganar eficiencia gracias a la reducción del consumo eléctrico y de las emisiones de CO_2.

Las organizaciones que desean acometer los desafíos del nuevo paradigma necesitan visualizar una meta que invite a sus actores a salir de la caverna. Muchas todavía aplican ese dicho tan castellano de que más vale lo malo conocido que lo bueno por conocer. Lo cierto es que los ingredientes del desempeño organizacional son ahora otros, muy diferentes, a los de antaño. Y adaptarse a la nueva ola es responsabilidad, a partes iguales, de miembros de consejos de administración, CEO, directivos, líderes, ejecutivos, responsables y profesionales.

Queramos o no, se vienen entornos donde priman los profesionales híbridos o centauros con relación a espacios físicos versátiles y teletrabajos, jornadas laborales flexibles, entornos multiculturales e intergeneracionales, conocimientos dinámicos compartidos, estructuras horizontales y modelos de externalización creciente. Cada uno de estos puntos daría para un nuevo libro, pero, tomados en su conjunto, ya de entrada, configuran un formato más próximo al esquema emprendedor que al clásico de cuenta ajena. Las organizaciones van a verse empujadas a transformar su caverna colmada de empleados atados de pies y manos en entornos donde gobierne la responsabilidad y la autonomía. En definitiva, en lugares, áreas o departamentos diseñados como si fueran pequeñas empresas bajo el mando de personas que, dotadas de medios determinados, deban dar cuenta de los resultados exigidos.

Amar Bhidé concluye en su obra *The Origin and Evolution of new Businesses* (2003), tras analizar las quinientas mejores ideas de la historia empresarial, que el 71 % proviene de los propios trabajadores de las compañías. Al final, tanto buscar fuera para caer en la cuenta de que el potencial está dentro de las propias organizaciones. La llamada guerra del talento debe comenzar por la batalla interna. Necesitamos una nueva gestión de las personas y de las organizaciones basada en tres cualidades: creatividad, coraje y conexiones. Un claro ejemplo es el «Me gusta» de las redes sociales. Que los usuarios lancen los pulgares hacia arriba para indicar empatía con un contenido surgió de un intraemprendimiento en 2007 a raíz de una iniciativa liderada por Leah Pearlman, responsable de producto en Facebook. La novedad ofreció a los usuarios, que hasta entonces solo podían comentar las publicaciones, un nuevo método de interacción instantánea.

El emprendimiento es un fenómeno que está ocupando un gran espacio en las cabeceras de todo ámbito. El principal valor de esta nueva tendencia es hacer hincapié en un nuevo espíritu y una nueva actitud en el ámbito profesional. Las empresas intuyen que necesitan aprovechar un impulso de proactividad para incorporar renacidos valores a sus engranajes. Muchos directores de Recursos Humanos están ya dirigiendo sus miradas a los denominados intraemprendedores. Y, aún más, ya apuntan a los diferentes perfiles que los configuran:

- **Productores**. Personas con ideas que pueden incorporarse a productos actuales de la compañía. Son los más habituales y requieren una atención especial. De su talento y red de conocimiento pueden salir magníficas novedades. Su motivación no es estrictamente económica, sino de desarrollo.

- **Transformadores**. Constituyen un verdadero tsunami interno. Suelen ser inconformistas por naturaleza y cambiarían a la organización de arriba abajo. Su potencial es tremendo y la clave está en saber manejar su talento a través de palancas motivadoras. Son especialmente apropiados en procesos de dinamización, cambio o como participantes en sistemas de innovación.

- **Iniciadores**. Sufren de fiebre emprendedora, suelen haber asimilado un conocimiento extraordinario dentro de la compañía, pero tienen inquietud por crear nuevas estructuras, formatos o modos de desarrollo. Son los más proclives a lanzar una *spin-off* y volar fuera de la empresa. El objetivo con estas personas es acompañarlas en todo el proceso y apoyar financieramente las iniciativas que resulten interesantes.

- **Conectores**. Empiezan a ser protagonistas desde la visibilidad. Entienden el concepto de trabajar en red, extienden su comunidad de talento y son capaces de atraer buenas ideas, mejores prácticas e iniciativas relevantes. De sus acciones se benefician las compañías con apertura de miras y deseosas de hacer más dinámica la filosofía corporativa.

Estos perfiles conforman una nueva forma de entender el talento. Son parte de estructuras cada vez más dinámicas, abiertas y horizontales, por lo que es un reto corporativo integrar y potenciar sus valores. Las organizaciones que desean dejar atrás caducos formatos deberán estar atentas a estas semillas y potenciarlas como clave de futuro.

Sin embargo, llegados a este punto, viene la pregunta: ¿no es una contradicción afirmar que las nuevas hornadas de profesionales son alérgicas a la responsabilidad y el compromiso con pretender que las organizaciones se conviertan en activos y proactivos laboratorios de innovación? Sinceramente, no lo sé, pero quizá este nuevo enfoque sea un imán para despertar nuevas inquietudes en los profesionales. Y, sobre todo, la zona donde las diferentes sensibilidades se den la mano y encuentren motivación mutua, aunque también exija sacrificios y renuncias por parte de todos.

Los profesionales que responden a estos perfiles, quizá sin saberlo, están llamados a liderar los procesos de innovación y cambio a los que se ven encaminadas las organizaciones contemporáneas. Poner en marcha políticas de intraemprendimiento favorece la cultura de la innovación y contribuye de manera decisiva a crear una moderna mentalidad de talento. Dentro de cualquier colectivo humano habrá personas que disfrutan con crear, con construir, con poner en funcionamiento nuevos productos o servicios. Si se les ofrece las condiciones adecuadas, pueden canalizar sus ideas dentro de los marcos de la compañía. Esas pequeñas iniciativas, que actúan como verdaderas *start-up* internas, ayudan a regenerar ilusión y compromiso. «Un buen líder promueve el espíritu emprendedor en su equipo y es capaz de gestionar de manera eficiente las iniciativas propuestas con el objetivo de beneficiar a la compañía», se sentencia desde la consultora Setesca Talent[29]

¿Qué puede aportar el intraemprendimiento al talento de una organización y, por tanto, contribuir a encender las luces en medio de la sombría y fría caverna?

- **Identificar oportunidades adecuadas**: encontrar áreas de negocio donde la compañía tiene un espacio de mejora compatible con la actividad actual.
- **Asumir riesgos, aun cuando no estén muy claras las recompensas**: la actitud emprendedora conlleva una apuesta. No es buen enfoque lanzar un intraemprendimiento pensando en un retorno concreto (promoción salarial, escalar en la organización u otros).
- **Motivar y contagiar**: nadie puede crear algo de valor de forma totalmente aislada. El intraemprendedor necesita convencer a un grupo de colegas para que se sumen a la idea. Crea vínculos, comunicación y red. Es una herramienta de gran utilidad para potenciar la creatividad, para identificar áreas de negocio inexploradas, y para retener y aumentar significativamente la satisfacción del talento.

29. *Alto Directivo*. (2022). «¿Qué tienen en común los directivos de las empresas más exitosas?». http://www.altodirectivo.com/secciones/28426/que-tienen-en-comun-los-directivos-de-las-empresas-mas-exitosas

- **Identificar sinergias internas**: pertenecer a una compañía con cultura emprendedora merece la pena. Se tiene a disposición una gran marca, una red de oficinas, importantes aliados, y sobre todo, unidades internas bien establecidas. Las sinergias con otros grupos es vital para lograr que organización fluya y entre en ebullición.

- **Pensar como empresario, no como empleado**: gestionar las incertidumbres y mantener una actitud positiva. Es normal pasar por períodos críticos, cuando, a pesar de los esfuerzos y del trabajo realizado, los resultados no acompañan. Se trata del temido «valle de la muerte» de los emprendedores. No hay que desanimarse y seguir adelante.

- **Equilibrar el necesario alineamiento con las políticas corporativas con la capacidad de implantar métodos y prácticas de pequeñas empresas**: el intraemprendedor vive en una gran compañía y se debe a ella. Es obvio que se deben respetar las políticas corporativas pero siempre es posible buscar un equilibrio que permita ser ágil y avanzar rápido. Cuánto valor aporta ser creativo, no solo con las ideas de negocio, sino también con los modos de organización internos para convivir con entornos normalizados y estructurados.

En resumen, el nuevo paradigma puede aumentar significativamente la motivación y contribuir al desarrollo de talento. No pocas compañías aplican ya programas de intraemprendimiento como elemento de retención, desarrollo de talento y generación de riqueza y valor. Los profesionales de perfil intraemprendedor, por su parte, desarrollan habilidades en el ejercicio de construir un negocio, que probablemente no podrían ejercer en funciones ya estructuradas. Es un círculo virtuoso para hacer florecer las cavidades más pedregosas. Para ello se necesita el compromiso de la organización de pies a cabeza actuando sobre la cultura de la empresa e incidiendo en ella como elemento impulsor de una actitud verdaderamente emprendedora. La consecución de una cultura de estas características implica:

- Adoptar estilos de dirección participativos, en el contexto del marco de identidad de la organización.
- Fomentar estructuras organizativas planas y favorecedoras del debate y la discusión entre los diferentes perfiles profesionales de la organización.
- Implicar a los profesionales en el papel de potenciales responsables del devenir futuro de la compañía.
- Difundir nuevos valores: innovación, imaginación, experimentación, apertura, contacto con el exterior y fracaso como posible alternativa.
- Clara estrategia de comunicación en todos los niveles de la organización y en otros agentes externos que pudieran trabajar en el papel de potenciales emprendedores.

Se propone valorar la posibilidad de asignar a personas concretas la responsabilidad de promover e impulsar la iniciativa intraemprendedora o, por el contrario, establecer los mecanismos necesarios para que el intraemprendimiento sea autogestionado dentro de la propia compañía. Se recomienda diseñar un proceso de canalización de iniciativas, métricas para su seguimiento y comités adecuados para su valoración. En esta estrategia se deben establecer objetivos específicos: externalización de actividades, desarrollo de actuaciones de producto ampliado y de actuaciones de cliente ampliado o búsqueda de usos alternativos.

Se podrá acusar al autor de dibujar un panorama demasiado rosa. De estar a años luz de los dolores de cabeza de los lunes por la mañana. Posiblemente sea un espejismo, pero me atrevo a decir que es el horizonte que piden las organizaciones presentes y futuras. Una tierra prometida que ofrezca madurez y enamore el talento. Una línea donde cada individuo decida en qué lado de la historia quiere estar. Evitando, en consonancia con el citado Deneault, que «los mediocres se organicen para adularse unos a otros, se aseguren de devolverse los favores para ir cimentando el poder de un clan que irá creciendo, atrayendo a sus semejantes en un círculo vicioso».

4.
Ventanas para el cambio de paradigma

Una clásica escena de cine que involucra una huida puede verse en *La ventana indiscreta* (1954) dirigida por Alfred Hitchcock. En un momento de tensión, el protagonista, Jeff (interpretado por James Stewart), intenta escapar del peligro saltando por una ventana. Una película menos dramática es *El diario de Bridget Jones* (2001). La protagonista, en una mezcla de comedia y caos, trata de escapar por la ventana del baño durante una incómoda pero divertida cena. Otro ejemplo más épico es *En busca del arca perdida* (1981), donde Indiana Jones salta por una ventana mientras escapa de enemigos en plena persecución, combinando acción, adrenalina y el toque humorístico tan característico del personaje.

Vaya por delante que las cavernas no tienen ventanas. Esta circunstancia hace que el abandono no esté al alcance de cualquiera, ni siquiera del intrépido Indiana. Complicado lo tienen, por consiguiente, los protagonistas de las películas que se protagonizan, día sí, día también, en las organizaciones. El reto es identificar, acaso butrones, por dónde huir de la quema. Partiendo de lo apuntado en relación con una mentalidad intraemprendedora, se proponen aperturas más concretas que posibilitarían, si no la salvación definitiva, al menos un respiro por donde filtre un poco de oxígeno. De nuevo, la responsabilidad no escapa a nadie. Es decir, incumbe a todos sin excepción: mandos y subordinados. Líderes somos todos.

Liderazgo situacional

Mucho hay escrito sobre liderazgo. Quizá demasiado. En este punto me detengo en un aspecto fundamental para abrir una bocanada de aire. El liderazgo situacional es un enfoque clave para salir de la caverna. Vaya por delante, una vez más, que el liderazgo no es competencia exclusiva del CEO o director de fábrica. Liderar es una obligación de cada miembro de la organización, cada cual en su parcela. Se cae habitualmente en el error de desestimar o deslegitimar el liderazgo en los estratos más bajos de las organizaciones. Ya decía Santa Teresa que en los pucheros está Dios, reivindicando el inmenso valor de las rutinarias y despreciadas tareas. Hay que extender en las organizaciones la idea de que se puede ejercer un enorme liderazgo atendiendo el teléfono, haciendo fotocopias o limpiando el espejo del baño.

En entornos empresariales crecientemente dinámicos y complejos, no existe una única forma de liderar eficazmente, como tampoco la hay de ser liderado. La clave está en adaptarse a las necesidades específicas de cada situación o desafío. En una organización donde se practica el liderazgo situacional se evalúan constantemente factores como el nivel de competencia, la motivación y autonomía de los individuos, así como el contexto organizacional, para ajustar su estilo y enfoque.

Por ejemplo, en momentos de crisis prevalece un liderazgo directivo, asegurando que las decisiones se toman rápidamente y se implementan con precisión. Por desgracia, sufrimos la ausencia de liderazgo directo y eficiente en situaciones de catástrofes, como la que azotó la Comunidad Valenciana en 2024. «La dana ha abierto en España una nueva crisis, pero esta vez no es solo económica, sino también de confianza. La palabra crisis significa 'cambio' en griego, y todo cambio ha de ir encabezado por un gran liderazgo. Lo ocurrido en el Levante español ha demostrado que la población necesita líderes sólidos, capaces de ofrecer soluciones y crear un futuro mejor, líderes que generen confianza»,[30] podía leerse recientemente. «¿Cómo se puede estar al frente de los recursos más valiosos que posee el Estado para la respuesta a la emergencia y aplazar la actuación hasta que otra Administración, si necesita más recursos, los pida? El contraste entre la extraordinaria movilización ciudadana y de los cuerpos policiales y militares y unidades

30. Cabero, D. (2024) «Crisis de liderazgo ante la dana». *El País*. https://cincodias.elpais.com/opinion/2024-11-16/crisis-de-liderazgo-ante-la-dana.html

de emergencias y la falta de determinación política —más bien cálculo sobre la responsabilidad que conviene asumir— ha sido grande»,[31] titulaba la plataforma digital Fundación Hay Derecho.

En cambio, en situaciones que requieren innovación o cambio cultural, se considera adoptar un enfoque participativo, empoderando a los miembros de la organización para generar ideas y tomar iniciativas. Asimismo, trabajando con colaboradores altamente experimentados, se prioriza un liderazgo delegativo, confiando en las capacidades para ejecutar tareas con autonomía. Con equipos menos experimentados se puede optar por un estilo más orientador y de apoyo.

El enfoque flexible no solo multiplica la eficacia operativa, sino que fortalece la relación entre responsables y colaboradores, fomentando la confianza, la motivación y un ambiente de trabajo positivo. En última instancia, una organización que hace consciente el liderazgo situacional construye un entorno adaptable, resiliente y capaz de prosperar en la constante evolución.

El liderazgo situacional también reconoce el valor del liderazgo pasivo en determinadas circunstancias, especialmente cuando se aplica de manera estratégica y consciente.

---

31. Fundación Hay Derecho. (2024). «¿Quién está al mando? Vidas entre la incompetencia y el tacticismo político». https://www.hayde recho.com/2024/11/04/editorial-dana-quien-esta-al-mando-vidas-entre-la-incompetencia-y-el-tacticismo-politico/

Aunque tradicionalmente se ha asociado con una menor intervención por parte de los responsables, en ciertos contextos puede ofrecer beneficios significativos tanto para el equipo como para la organización. Por ejemplo, el liderazgo pasivo es útil en entornos donde los colaboradores tienen un alto nivel de experiencia, autonomía y responsabilidad. Al permitir que el equipo tome decisiones y actúe con independencia, se fomenta un ambiente que incentiva la creatividad, la innovación y el sentido de propiedad sobre los resultados. Este enfoque también puede mejorar la moral del equipo al demostrar que se confía plenamente en sus habilidades y juicios, lo que refuerza el compromiso y la autoestima.

El liderazgo pasivo puede ser una herramienta valiosa para el desarrollo del talento, ya que crea oportunidades para que los individuos se enfrenten a desafíos por sí mismos y adquieran habilidades de resolución de problemas. En este contexto, los responsables actúan como figuras de apoyo que intervienen solo cuando es estrictamente necesario, brindando orientación puntual sin inhibir el aprendizaje.

El liderazgo situacional aparece en momentos clave de la historia de Atenas. Pericles equilibró diferentes enfoques según las necesidades de la ciudad. En tiempos de paz adoptó un estilo colaborativo y visionario, fomentando la democracia, el arte y la arquitectura, como queda patente en la construcción del Partenón. Sin embargo, durante la guerra del Peloponeso, el enfoque mutó hacia un liderazgo directivo, tomando decisiones estratégicas unilaterales, como concentrar a la población dentro de las murallas de Atenas para resistir el asedio espartano.

Durante las guerras médicas, Temístocles mostró un claro ejemplo de liderazgo situacional al convencer a los atenienses de construir una flota naval como preparación para la invasión persa. En este contexto, adoptó un liderazgo persuasivo y estratégico, logrando que la población aceptara destinar recursos a las naves trirremes. En la batalla de Salamina, su estilo cambió a un liderazgo directivo, tomando decisiones rápidas y firmes para coordinar la defensa naval que resultó victoriosa.

Solón, uno de los grandes legisladores de Atenas, demostró liderazgo situacional al implementar reformas sociales y económicas en un momento de gran tensión entre las clases sociales. En lugar de imponer cambios de manera autoritaria, adoptó una actitud moderadora, escuchando a todas las partes, lo que permitió a Atenas avanzar hacia una sociedad más equitativa.

Alcibíades, aunque controvertido, ejemplificó el liderazgo situacional al cambiar su enfoque según las circunstancias políticas y militares. Como estratega, supo ganarse el apoyo de la asamblea para la expedición a Sicilia, apelando a la ambición de los atenienses. Sin embargo, tras caer en desgracia y cambiar de bando en varias ocasiones, mostró un liderazgo pragmático, adaptándose a diferentes contextos.

Los ejemplos referidos a la Atenas donde habitó nuestro admirado CEO Platón ilustran cómo las comunidades adaptaron sus estilos según las demandas del momento, ya sea para inspirar, dirigir o mediar. La habilidad para ajustar el enfoque permitió afrontar desafíos complejos y guiar a la ciudad hacia momentos de grandeza. Grandes enseñanzas que posiblemente ayudarán a las organizaciones de hoy a ser gestionadas según las circunstancias. Más aún, harán justificables muchas decisiones tomadas por las compañías que de otra manera no se entienden, o no se quieren entender.

Entornos multiplicadores

La mayor parte de mis charlas comienzan con la proyección de la fotografía de una simpática joven tomando un café, acompañada de un elefante de larga trompa amenizando la escena. «¿Cuánto pagaríais por este café?» es mi pregunta al sorprendido aforo. Las manos comienzan a alzarse y a responder: dos euros, porque en definitiva se trata de una taza de café; quince euros, se escucha más atrás; cincuenta, dicen otros apoyados en el argumento del contexto privilegiado. Hasta doscientos euros ha llegado la apuesta en alguna ocasión. El ejemplo sirve para poner encima de la mesa, aparte de una taza de Black Ivory —el café más caro del mundo—, la tesis de que no tendría el mismo precio en la plaza de San Marcos de Venecia, en el Madison Square Garden o en una de las cafeterías de la estación de Atocha Renfe de Madrid. La moraleja se vincula al índice multiplicador de talento. Y en la caverna el multiplicador es cero.

El talento es un recurso invaluable que, aunque inherente a las personas, viene condicionado por los entornos donde se desarrolla. Un contexto adecuado potencia habilidades, mientras uno tóxico o limitante ahoga el potencial. Es deber de toda organización mirarse al espejo y reflexionar si actúa como catalizadora o como freno. Aunque el talento puede tener una base innata, su desarrollo está profundamente influenciado por las circunstancias. Un entorno que fomenta el aprendizaje, la creatividad y el intercambio de ideas es crucial para enamorar. Por contra, un ambiente que no brinda apoyo, acceso a recursos o estímulos adecuados es un inhibidor de afecto.

Un entorno de mentalidad de talento donde las personas se sienten valoradas y respaldadas aumenta la confianza en sí mismas y en sus habilidades. Esto es especialmente relevante en el ámbitos profesionales y educativos, donde el reconocimiento y el refuerzo positivo estimulan el rendimiento. Pero, como apuntaba anteriormente, la responsabilidad de generar entornos talentosos no es un monopolio de jefes. Todos los miembros de una organización deben poner su granito de arena para merecer una mentalidad de talento.

La exposición a diferentes perspectivas enriquece las ideas y el desarrollo. Equipos diversos y abiertos al intercambio de conocimientos suelen producir resultados innovadores. Igualmente, los entornos que permiten a las personas experimentar, cometer errores y aprender de ellos promueven la innovación y el crecimiento personal.

Silicon Valley es un ejemplo clásico de cómo un entorno adecuado puede multiplicar el talento. Allí, las *start-up* tecnológicas florecen porque el ecosistema combina acceso a capital, mentores experimentados, universidades de élite como Stanford y una cultura que celebra la innovación. Empresas como Google y Apple no solo crecieron en este entorno, sino que también crearon sus propios ecosistemas internos, que fomentan el aprendizaje continuo y la creatividad de sus empleados.

En el mundo deportivo, los entornos adecuados marcan una gran diferencia. La academia de fútbol La Masía del F. C. Barcelona es conocida por formar talentos. No solo ofrece entrenamiento físico y técnico, sino también apoyo emocional, educación integral y valores de equipo que multiplican las capacidades de los jóvenes jugadores. No es casual la irrupción de una nueva camada de jugadores que están llamados a ser figuras en su club y en la selección española: Lamine Yamal o Pau Cubarsí son bandera de una nueva era. El sistema educativo finlandés es reconocido por priorizar la creatividad, la colaboración y la resolución de problemas por encima de la memorización. Este entorno fomenta el pensamiento crítico y permite que los estudiantes desarrollen sus talentos individuales, lo que ha llevado al país a ocupar continuamente los primeros lugares en índices internacionales de educación.

Por contra, todos conocemos entornos que reducen el talento. Un buen empresario y amigo toledano, él sabe a quién me refiero, suele expresar muy bien ese sentimiento: «Nada más entrar en una empresa sé si huele a hijoputa». La toxicidad y competitividad malsana donde predominan las críticas destructivas, la desconfianza o la falta de respeto minan la motivación y el desempeño. Quien no ha sufrido a un jefe nefasto no conoce realmente los errores que hay que evitar. «Sin Diablo no hay Dios, y sin Joker no hay Batman», leí hace bien poco en una revista.

Qué decir de entornos donde se carece de oportunidades y brillan por su ausencia retos o estímulos. Los individuos necesitamos desafíos constantes para superar los propios límites. También contextos con reglas demasiado estrictas o sin margen para la creatividad limitan la capacidad de explorar nuevas ideas y desarrollar habilidades únicas.

El talento, aunque intrínseco, florece o se apaga dependiendo del terreno en el que se cultive. Crear entornos que multipliquen el talento no solo beneficia a los individuos, sino también a las organizaciones y a la sociedad en general. Invertir en espacios donde las personas puedan crecer, innovar y colaborar es una apuesta segura para el éxito colectivo y personal. Los entornos actúan como amplificadores o inhibidores del potencial humano.

Yahoo apagó el talento debido a una deficiente gestión y falta de enfoque. En su apogeo, contaba con algunos de los desarrolladores más brillantes de la industria tecnológica. Sin embargo, su incapacidad para adaptarse al cambio y decisiones como rechazar la compra de Google en sus primeras etapas desalentaron a los profesionales con alma emprendedora. Muchos emigraron a otras empresas tecnológicas más visionarias.

General Electric utilizó durante años el modelo de gestión de «clasificación forzada», en el cual los empleados eran evaluados en función de su desempeño y el 10 % de los menos productivos eran despedidos anualmente. Aunque esto promovía la competencia, también generaba un ambiente de estrés y desconfianza, lo que llevó a la pérdida de talento valioso. Este sistema priorizó los resultados a corto plazo sobre la colaboración y el desarrollo del personal.

En la Antigua Grecia floreció el talento en diferentes disciplinas, desde la filosofía hasta el arte, la política y la ciencia. Y el entorno político, cultural y social de las distintas ciudades-Estado jugó un papel fundamental en potenciar o limitar las capacidades individuales. Atenas fue ejemplo de fomentar el desarrollo del talento. La democracia ofrecía un espacio donde los ciudadanos podían debatir ideas en el ágora (plaza pública) y participar en la toma de decisiones. Este entorno abierto y libre de pensamiento permitió figuras como Sócrates, Platón y Aristóteles.

Sócrates utilizaba la dialéctica para cuestionar las ideas establecidas y enseñar a pensar críticamente. Platón, inspirado por el entorno intelectual ateniense, fundó la Academia, una de las primeras instituciones educativas de la historia. Este entorno también dio lugar al nacimiento de grandes tragedias y comedias, como las de Esquilo, Sófocles y Aristófanes. Aunque fundada en la era helenística, la biblioteca de Alejandría y su museo continuaron la tradición griega de multiplicar el talento. Este entorno reunió a científicos, matemáticos y filósofos, permitiendo avances revolucionarios. Euclides, conocido como el padre de la geometría, prosperó en este caldo de cultivo.

Aunque Esparta no era conocida por su aporte intelectual, su enfoque en la formación militar es un ejemplo de cómo un entorno diseñado para un propósito puede desarrollar un talento específico. Desde niños, los espartanos eran educados en la disciplina, el trabajo en equipo y la estrategia, convirtiéndose en soldados de élite.

Un apunte más sobre entornos abiertos al talento. Se indicaba en la introducción cómo la científica Elena Galán reconocía que las ovejas cada vez se han vuelto más caprichosas, apuntando a la creciente dificultad de los perros pastores para someterlas a las directrices tradicionales. Un factor que demandan actualmente los profesionales es la flexibilidad o movilidad geográfica, abriendo paso a sistemas híbridos de presencialidad.

El informe «Human Capital» sostiene que «la movilidad internacional debe dejar de ser vista como una función operativa y transformarse en un pilar estratégico que impulse el éxito de las organizaciones. Promover y facilitar su evolución conlleva una gran oportunidad para integrar prácticas más avanzadas y alineadas con las demandas del entorno global actual. Alinear la movilidad con los objetivos empresariales no solo mejora la resiliencia de las organizaciones ante cambios externos, sino que también conecta esta función con objetivos clave como la sostenibilidad, la inclusión y la diversidad, fortaleciendo su impacto estratégico».[32] También la flexibilidad, característica cada vez más valorada por los profesionales más exigentes, es un factor diferenciador de entornos de talento. Las políticas híbridas, asignaciones personalizadas y opciones adaptadas a las necesidades individuales fortalecen el compromiso y permiten a las organizaciones adaptarse al constante cambio. De la misma manera, aprovechar la digitalización y tecnologías como la inteligencia artificial generativa permite optimizar procesos, garantizar el cumplimiento normativo y mejorar la experiencia, consolidando a la movilidad como un motor de innovación y eficiencia. Asimismo, el conocimiento externo es fundamental para abordar tareas operativas mientras las organizaciones concentran sus esfuerzos en actividades estratégicas de mayor valor. Centros de excelencia o servicios compartidos fomentan la colaboración y reducen los silos internos. Los mismos silos a los que se refería Xavier Marcet en una referencia apuntada unas páginas antes.

Resolver problemas

Una de las demandas que se suele lanzar en una entrevista de trabajo es citar episodios donde se evidencie la capaci-

32. Human Capital. (2024). «El Instituto EY-Sagardoy Talento e Innovación publica la XII Edición del Human Capital Outlook». https://sagardoy.com/el-instituto-ey-sagardoy-talento-e-innovacion-publica-la-xii-edicion-del-human-capital-outlook/

dad del candidato para solucionar problemas. El descuadre de mandíbula propio de quedarse en blanco evidencia que no es habitual sacar de la chistera una de las recomendaciones de Biron Clark, ex reclutador de ejecutivos: «Hace poco resolví un problema en el que un cliente estaba molesto por el precio de nuestro *software*. Había entendido mal al comercial que le explicó los precios en un principio y, cuando su paquete se renovó por segundo mes, llamaron para quejarse de la factura. Decidimos que lo mejor era ofrecer un paquete de precios a largo plazo con descuento. Esto no solo resolvió el problema, sino que consiguió que el cliente aceptara un contrato a más largo plazo, lo que significa que ahora mantendremos su negocio durante al menos un año, y están contentos con el precio. Creo que obtuve el mejor resultado posible y que la forma que elegí para resolver el problema fue eficaz».[33]

En un mundo tan lleno de obstáculos como el actual, la capacidad de resolver problemas se ha convertido en una habilidad fundamental en entornos que quieren abandonar maneras caducas de trabajar. Las organizaciones cavernarias generan problemas; las que nos propone nuestro CEO Platón son, ante todo, solucionadoras de problemas. En un artículo que leo ahora mismo de Jordi Nadal, fundador y

33. Clark, B. (2024). «26 ejemplos de resolución de problemas (para responder en entrevistas)». *Carrer Sidekick*. https://careerside kick.com/es/26-buenos-ejemplos-de-resolucion-de-problemas-res puestas-en-entrevistas/

director de Plataforma Editorial, se habla de la necesidad del hombre contemporáneo de elegir si estamos en la trinchera o en el palacio de invierno, resguardados en la comodidad del hogar. Dando por hecho que las organizaciones sufren para balancear la ecuación, ¿cómo orientar el talento hacia la resolución de problemas? La respuesta radica en entender que, más allá de tener una inclinación innata, puede desarrollarse, enfocarse y maximizarse cuando se aplica de manera óptima a la resolución de desafíos concretos.

Resulta interesante detenerse en la etimología de «problema». Proviene del griego antiguo πρόβλημα, compuesto por el prefijo «pro-» (hacia delante) y la raíz *ballein* (lanzar). Literalmente, lo que se lanza hacia adelante o lo que se interpone. Se refleja cómo los problemas son, en esencia, retos que surgen en el camino. En lugar de ser obstáculos insuperables, se deben reinterpretar como oportunidades para desarrollar soluciones creativas e innovadoras.

El talento, en consecuencia, se convierte en un motor poderoso de soluciones. Sin embargo, para que el talento se traduzca en resultados, es necesario enfocarlo de manera estratégica. Todo proceso de solución comienza con una comprensión clara del reto que se enfrenta. La habilidad para observar, analizar y definir el problema es crucial para encontrar soluciones efectivas. Me encuentro de costumbre con directivos, también muchos asesores y miembros de consejos de administración, que convierten su gestión o aportación en kilómetros de hilo en forma de nudos satélite hasta que la madeja, o la constelación, se va de las manos por hacerse inabarcable e incomprensible para el resto. Ya dejó sentenciado el poeta y dramaturgo británico T. S. Eliot que «la mayor parte de los problemas del mundo se deben a la gente que quiere ser importante». Siguiendo el argumento previo del director de Plataforma Editorial, se trata de una variante frecuente de quienes, sin retirarse a los palacios de invierno, viven y contemplan todo desde la tribuna. Y, por supuesto, a gastos pagados.

Los individuos talentosos destacan por su capacidad de pensar más allá de lo convencional. Sin embargo, tienen la capacidad de mantener siempre una toma de tierra. Es decir, que no se apartan de lo preciso y concreto, esquivando la tentación de perder de vista los problemas reales. Decía el papa Juan XXIII que trataba de vivir exclusivamente el día, sin querer resolver el problema de la vida todo de una vez. La innovación no solo consiste en generar ideas novedosas, sino en proponer alternativas viables y útiles. Los problemas modernos suelen ser dinámicos, lo que exige que el talento no sea rígido, sino flexible y dispuesto a aprender de la experiencia y el entorno.

En la Grecia clásica, los filósofos desarrollaron un enfoque único y profundo para abordar problemas a partir del razonamiento, creatividad y análisis crítico. Para Sócrates, Platón o Aristóteles, la solución de problemas requería un proceso riguroso de cuestionamiento, argumentación y búsqueda de la verdad. Sócrates, por ejemplo, propuso la mayéutica, un método basado en preguntas y respuestas. ¡Cómo crecerían las organizaciones generando espacios para el cuestionamiento y las tormentas, pero de ideas! En Grecia, el concepto de *polis* provocaba que los problemas fueran responsabilidad de la comunidad, y que el talento individual debía ponerse al servicio colectivo. El talento, combinado con la razón, la ética y la educación, es una herramienta poderosa para resolver dificultades. Este enfoque holístico sigue siendo relevante en la actualidad, especialmente en un mundo que enfrenta desafíos complejos y multifacéticos.

Platón abordaba los problemas mediante un enfoque idealista, racional y estructurado. Cualquier problema podría resolverse comprendiendo su esencia y aplicando principios universales. Los problemas en el mundo físico eran reflejos imperfectos de realidades ideales. Por ejemplo: en el caso de un conflicto legal, se buscaría comprender qué es la justicia. Esta visión implica un enfoque profundo, donde la raíz del problema no está en los detalles superficiales, sino en su conexión con principios universales. Este enfoque inspiraría a las organizaciones actuales, necesitadas de referencias y de cómo orientar la búsqueda de soluciones. En muchas ocasiones no se tiene claro qué buscar (lo ideal) y se dan muchos palos de ciego. La metodología denominada de los cinco porqués es de mucha ayuda. Preguntando por qué ocurrió un problema cinco veces sucesivas se llega a traspasar las respuestas superficiales y a revelar causas subyacentes. Indagar en las verdaderas razones ayuda a descubrir las relaciones causa-efecto, a abordar las verdaderas fuentes del problema y a desarrollar soluciones más efectivas y duraderas.

Centrándonos en el caso propuesto del malentendido del comercial de la empresa de *software*, Platón comenzaría por analizar el problema desde su esencia. En este caso, la confusión podría estar en una falta de claridad o mala comunicación entre el comercial y el cliente. ¿Qué causó el malentendido? ¿Hubo una falta de precisión en la información o una interpretación equivocada del cliente? A continuación, se realizaría un análisis sincero para determinar dónde se desvió la percepción del precio del *software*. Para el filósofo, la justicia consiste en actuar de manera correcta, de acuerdo con los roles y responsabilidades. Si el error fue del comercial, la empresa tiene la responsabilidad de asumir las consecuencias y buscar una solución equitativa para el cliente. Si el malentendido fue del cliente, la solución debe ser pedagógica: explicar de nuevo el precio y su compatibilidad con el valor real.

Platón utilizaría el diálogo para resolver el problema por medio de la escucha activa al cliente. Se provocaría así una solución beneficiosa, promoviendo la equidad y la confianza mutua. Si el cliente tiene razón en su interpretación, podría proponerse un ajuste en el precio como muestra de buena fe. Si no es posible modificar el precio, se podría ofrecer una extensión del soporte técnico o una capacitación gratuita. Finalmente, Platón consideraría que este problema es una oportunidad para mejorar la organización robusteciendo los procesos internos.

Para finalizar, una reflexión que viene al caso en la ruptura de las cadenas que atan a los CEO y profesionales a sus cavernas. El rey antiguo Gordio, en homenaje a Zeus, ató a su templo la lanza y el yugo del carro con el que entró victorioso en Frigia. Y lo hizo con un nudo imposible de desatar, de ahí la denominación de «nudo gordiano». Cuando Alejandro Magno se apoderó del reino quiso enfrentarse al nudo gordiano, con la intención de soltarlo. ¿Qué se le ocurrió? Desde luego no fue convocar un comité de dirección, redactar un informe o preguntar a la IA. Simplemente se acercó al nudo, lo observó con serenidad, desenvainó su espada, y le asestó un tajo al nudo. Tiró por la calle de en medio, como se suele decir. A veces las empresas se complican demasiado en buscar soluciones demasiado complejas y sofisticadas. Cuando se resuelve un problema complejo y se opta, con inteligencia, por una solución simple y eficaz, se habla de «cortar el nudo gordiano». Muchas veces, las soluciones de sentido común son las más útiles para resolver problemas, más cuando se han convertido en madejas de nudos ingobernables que atan a la caverna. Los problemas, en realidad, no son más que una oportunidad para demostrar lo que se sabe para dejarla atrás.

Hábitos para construir carácter

Imaginemos, por ejemplo, un grupo de homínidos necesitados de ir en búsqueda de mamuts para procurarse la cena. Su comportamiento requiere creciente pericia dada la advertencia de peligro por parte de las presas. Por lógica, los grupos que aprenden más rápidamente a cazar estarán en ventaja respecto a sus semejantes. Con el paso del tiempo, la habilidad para sofisticar la destreza mejorará por selección genética hasta que en cierto momento aparezca una especie de instinto que dará sus frutos.

En 1896, el filósofo y psicólogo James Mark Baldwin propuso que el aprendizaje individual puede explicar fenómenos evolutivos, concibiendo la denominada *herencia orgánica*: la habilidad para aprender puede facilitar la evolución al incorporar sus resultados a la genética. Así, los comportamientos aprendidos pueden hacerse instintivos en los eslabones de las siguientes generaciones.

Pocas cosas hay tan nocivas en una organización como la flacidez neuronal aparejada a la atrofia muscular. La imagen de los cautivos, proyectando su mirada en la pared de la caverna dibujada por Platón, no es sino un reflejo de ausencia de tensión y dinamismo. Podríamos hasta imaginarlos sentados en un sofá, envueltos en una manta, sucumbiendo al abrazo de la comodidad y la desgana. Malgastando las horas a base de *zapping* al compás de pulgares autómatas. Con la mirada obtusa, como si el acto de prestar atención fuera un esfuerzo ímprobo. Una atmósfera monótona con aire de abandono, como si el tiempo se hubiera detenido en ese pequeño rincón del mundo donde son ajenas obligaciones y responsabilidades. A quien sea director de Recursos Humanos, este ambiente le sonará.

Qué daño hacen a las organizaciones entornos sin tensión. Platón defendía que las rutinas son esenciales para el desarrollo moral y el cultivo de las virtudes. En *La República*, plantea un sistema educativo para los guardianes que incluye prácticas diarias de ejercicios físicos, entrenamiento militar, música y filosofía. La música inculca armonía y templanza, mientras que la gimnasia fomenta la fortaleza física y el coraje. Los hábitos forjados sobre rutinas son la base sobre la cual se construyen el carácter y la fortaleza de una empresa. Al igual que en una persona, los hábitos repetitivos moldean la identidad, fomentan la disciplina y fortalecen la resiliencia corporativa.

Según reza la web de Coworking Spain, ubicado en el corazón de Madrid junto al Palacio Real y al barrio La Latina, Monday Río es un nuevo espacio de trabajo todo en uno: «Empieza el día con clase de yoga, reúnete con tu equipo en un espacio privado, disfruta de una comida saludable y acaba el día con un evento en buena compañía. Uno de los servicios estrella es el gimnasio, con clases dirigidas donde dejar atrás el estrés y fortalecer la musculatura». Igual que al cuidado del físico se dedica mucho tiempo, las organizaciones deberían facilitar entornos donde se cultiven hábitos con el objetivo de mantener la mente en la mejor forma. La meta es interiorizar procesos, sistemas y metodologías que son trampolines para una sincronización que ayuda al óptimo desempeño. Las prácticas que se repiten de forma consistente crean estabilidad y confianza. Los individuos tienden a incorporar la mejor forma de trabajar a su sistema instintivo. Es el mismo mecanismo de aprender a conducir. A base de realizar rutinas, acciones como pisar el acelerador, pulsar los mandos del intermitente o mirar por el retrovisor se convierten en inconscientes. En páginas anteriores se hacía referencia a la práctica deliberada para desarrollar el talento y al excesivo peso que se otorga a la genética en la justificación de carreras extraordinarias. El secreto está en repetir y repetir comportamientos virtuosos.

No es casualidad que a los individuos que pueden presumir de sobresalientes desempeños les resulte incómoda la idea de que han logrado el éxito gracias a un don. Sienten como si se les restara mérito, pues parece que todo es más sencillo de lo que en realidad es. El golfista Sam Sneed reconocía que le irritaba cuando los periodistas deportivos le reconocían el golpe más natural y hermoso del circuito. En realidad, su *swing* no era natural, era fruto de dedicación y persistencia. En otro ámbito, una encuesta realizada hace unos años entre cirujanos estadounidenses concluía que la clave de su eficiente labor no estaba en el don de sus manos, sino en la obstinada dedicación hacia su profesión durante muchos años.

¿Cómo pueden instalarse rutinas en las organizaciones? En general, con todo lo que suponga fortalecer la musculatura neuronal. No se trata de convertir a los individuos en robots, pero sí en profesionales que sean conscientes de que la construcción de una personalidad con mentalidad de talento pasa por crear hábitos. Y esto puede tener múltiples y variadas aplicaciones. Desde la fijación de reuniones de seguimiento periódicas, realizar evaluaciones de desempeño o el uso regular de herramientas de gestión que permite mantener el enfoque en los objetivos estratégicos hasta verificar un sencillo desafío como es la puntualidad. Otra vitamina que ofrece la rutina es, por ejemplo, poder pensar y escribir al final de una jornada tres acciones de las que me puedo sentir orgulloso, tres cosas que he aprendido nuevas y otras tres que he enseñado a otros. Puedo asegurar, por experiencia, que esta rutina, al cabo de un mes, fortalece las personalidades carentes de confianza o seguridad en sí mismas. ¿O acaso en una consulta al psicólogo no se prescribe la inversión de pensamientos negativos en positivos mediante, por ejemplo, escribir acciones diarias que combaten un estado de ánimo decaído?

Según James Clear, autor de *best seller* del momento, *Hábitos atómicos*, «si te está costando esfuerzo desarrollar un hábito bueno o romper con uno malo, no se trata de que hayas perdido tu capacidad de mejora. Con frecuencia se debe a que no has logrado cruzar la meseta del potencial latente, (...) el hielo no se derrite cuando una habitación pasa de cuatro a tres grados bajo cero. El trabajo no se desperdicia, solo se acumula. Recuerda que toda la acción se desencadena cuando la temperatura alcanza los cero grados».[34]

La personalidad de una empresa se refleja en su cultura, sus valores y su forma de actuar. Los hábitos organizacionales alimentan esa identidad. Empresas como Google fomentan el hábito de reservar tiempo para que sus empleados traba-

---

34. Clear, J. (2020). *Hábitos Atómicos*. Diana Editorial.

jen en proyectos personales, lo cual construye una identidad innovadora. Amazon se enfoca en el hábito de analizar constantemente las experiencias de los usuarios para garantizar que la obsesión por el cliente sea parte de su ADN. Y Patagonia ha hecho del hábito de priorizar decisiones ambientales un factor integral de su personalidad empresarial, reforzando su compromiso ético.

En resumen, los hábitos no solo definen lo que una empresa hace, sino también qué es. Al cultivar prácticas sólidas y alineadas con los valores y objetivos, una organización no solo se fortalece, sino que también desarrolla una personalidad única que la distingue en el mercado. Al igual que una persona con buenos hábitos, una empresa disciplinada está mejor preparada para saltar por la ventana de la caverna.

Amores platónicos

Cuando Puy du Fou, parque temático sobre historia nombrado repetidamente como «mejor del mundo», se instaló en Toledo, tuve la oportunidad de participar, como candidato, en el proceso de contratación del director de Recursos Humanos. En la última de las entrevistas, ya con los máximos responsables de la matriz francesa, recibí una pregunta que activó mis neuronas: «¿Piensas que hay que querer a los empleados?». Ante situaciones un tanto comprometidas, siempre uno trata de salir de manera airosa. Tiré de una intensa experiencia como entrevistador y calcé una de esas respuestas que lo dicen todo pero que en realidad no dicen nada...Y que no es este el lugar para desgranar. Después de ya varios años, quizá esa pregunta, que no por sencilla deja de tener hondo calado, fue la mejor piedra de atención que golpeó mi mente en aquel proceso, que solo quienes me conocen bien saben cómo culminó.

Para reflexionar sobre el amor, tanto en mayúsculas como minúsculas, nada mejor que acudir a *El banquete*, de nuestro admirado CEO griego. Una obra que se adentra en las múltiples facetas del amor (*eros*) y es una fuente de inspiración obligada para reflexionar sobre las dinámicas humanas en contextos diversos. Una de las ideas centrales del diálogo es la relación asimétrica entre el amante (*erastés*) y el amado (*erómenos*). Un vínculo que, aunque desigual al inicio, tiene el potencial de transformarse en una relación de crecimiento mutuo. Este modelo encuentra un paralelo en el ámbito laboral, especialmente en las relaciones entre directivos y profesionales, donde las diferencias de autoridad, conocimiento y experiencia definen muchas interacciones cotidianas.

Platón describe cómo el amante, más experimentado y sabio, guía al amado hacia un desarrollo superior. De manera similar, en las organizaciones, los directivos ocupan una posición que conlleva autoridad, experiencia estratégica y responsabilidad, mientras que los profesionales colaboradores aportan habilidades específicas, energía y capacidad de ejecutar tareas. Se supone. Esta relación claramente desigual, no hay que interpretarla como problemática. Sin embargo, la asimetría conlleva expectativas que deben gestionarse adecuadamente. El directivo espera que el profesional se comprometa con los objetivos de la organización, sea eficiente y contribuya con nuevas ideas. Por otro lado, los individuos suelen buscar en sus superiores atributos como inspiración, apoyo y una visión clara que los motive a alcanzar su potencial. Esta relación, como en el caso del *erastés* y el *erómenos*, se basa en un intercambio: el líder proporciona orientación y oportunidades de desarrollo, mientras que el colaborador responde con esfuerzo y resultados.

En el discurso de Diotima, Sócrates plantea que el amor surge de una carencia, del deseo de alcanzar aquello que no se tiene. Este concepto también puede aplicarse a los entornos profesionales, donde ejecutivos y ejecutores sienten que les falta algo que el otro puede proporcionar. Para los primeros, esa carencia puede estar relacionada con la ejecución práctica de los objetivos estratégicos, el conocimiento técnico especializado o incluso la innovación que surge de las perspectivas de sus equipos. Para los segundos, la merma se manifiesta en la necesidad de desarrollo, reconocimiento y oportunidades para crecer en su carrera. Esta relación de mutua dependencia es un poderoso motor de colaboración, pero también puede generar tensiones si una de las partes siente que sus necesidades no están siendo satisfechas o que la relación es abusiva.

El riesgo, también lo apasionante, de las relaciones asimétricas, tanto en el amor como en el mundo laboral, radica en el desequilibrio. Si un directivo se limita a ejercer autoridad sin considerar el desarrollo de sus colaboradores, o si un profesional asume un rol pasivo sin aportar valor, la relación se vuelve disfuncional. Además, como señala Platón, el deseo que subyace en las relaciones asimétricas a menudo está mediado por idealizaciones. Los directivos proyectan en los profesionales la figura del trabajador diez, mientras que los empleados idealizan a sus superiores como modelos de inspiración o éxito. Cuando estas expectativas no se cumplen, surgen frustraciones. Lo cierto es que es el pan nuestro de cada día en las organizaciones. Hasta tal punto que algunos CEO o directivos caen en el sofisma de que liderar es «mantener a los cinco subordinados que odian al jefe alejados de los otros cuatro que aún están indecisos».

El banquete ofrece una vía para trascender las relaciones. En lugar de perpetuar la asimetría, un líder transformador ayuda a cerrar la brecha, empoderando a los profesionales para que desarrollen su potencial y asuman un rol más activo. Esto no significa eliminar las jerarquías, sino crear un entorno en el que el crecimiento sea mutuo: el directivo aprende de sus colaboradores y se beneficia de su creatividad, mientras estos últimos se enriquecen a través de la guía que aquel les ofrece.

Otro aspecto que ofrece luz acerca de si entre responsables y colaboradores puede surgir el amor es atender a la diversidad de personalidades y características que cada individuo aporta al equipo. En el ámbito laboral, una de las principales fuentes de asimetría no radica en el poder o el rol jerárquico, sino en la realidad de que no existe el «empleado perfecto». Cada profesional tiene fortalezas, debilidades y maneras únicas de relacionarse con el trabajo, lo que exige a los directivos adaptarse a estas diferencias y construir relaciones basadas en la realidad, no en expectativas idealizadas. Es decir, amores platónicos.

El ateniense presenta al amante como alguien que persigue lo que le falta en el amado, ya sea belleza, conocimiento o inspiración. En el entorno laboral, esta idea resuena en la búsqueda del «empleado ideal», una figura que encarne competencias técnicas impecables, proactividad, creatividad y alineación con la visión de la empresa. Sin embargo, esta expectativa es, en la práctica, inalcanzable, por mucho que se empeñen los de Recursos Humanos. No hay profesionales ideales, sino individuos con personalidades complejas, fortalezas específicas y limitaciones. El mosaico de talentos y deficiencias crea relaciones inevitablemente asimétricas, donde las expectativas de los directivos deben ajustarse constantemente a las capacidades reales de sus colaboradores.

Una lección importante de *El banquete* es que el amor, aunque comienza con una idealización, debe evolucionar hacia una aceptación más realista de lo que el otro puede ofrecer. Del mismo modo, en el ámbito laboral, los directivos deben dejar de buscar al empleado prototipo y, en su lugar, trabajar con la diversidad de talentos y personalidades que tienen a su disposición. Y a la inversa.

Aceptar la realidad no significa conformarse, sino reconocer que cada profesional tiene un valor único que puede contribuir al éxito colectivo si se gestiona adecuadamente. Esta aceptación también requiere que los ejecutivos adapten su estilo de gestión a las necesidades individuales de su equipo, fomentando un entorno donde las fortalezas sean potenciadas y las debilidades sean gestionadas con empatía.

Esta dinámica no es siempre sencilla. Las diferencias de personalidad o estilo de trabajo pueden generar conflictos o malentendidos. Sin embargo, incluso las tensiones también son oportunidades para desarrollar habilidades clave como la comunicación, la empatía y la resolución de problemas.

Al igual que en el amor platónico, la clave está en trascender las expectativas iniciales y construir relaciones basadas en la aceptación, el respeto y el aprendizaje mutuo. Cuando directivos y profesionales logran superar la brecha entre idealización y realidad, las organizaciones no solo prosperan, sino que también se convierten en espacios donde la diversidad humana se valora como una fuente inagotable de creatividad y crecimiento. Antonio Núñez, socio de Parangon Partners, firma dedicada a fichar y asesorar a directivos, menciona en esta línea al escritor Baltasar Gracián, quien referencia las cualidades que debe tener el buen directivo: «Vive siempre en disposición de dar a los demás. Quien gobierna gana gran crédito si da, si hace el bien. Es la elegante manera del soberano de conquistar el afecto de todos».[35]

---

35. Gracián, B. (2016). *Oráculo manual y arte de prudencia*. Ebook-Clasic.

En conclusión, cuando en una entrevista de trabajo te cuestionen sobre si un director de Recursos Humanos debe amar a sus trabajadores, ya tienes la respuesta. Y el puesto será tuyo.

Inspirar

Ángel Cabrera es el primer rector de una universidad estadounidense nacido en España. En concreto, dirige el Instituto Tecnológico de Georgia (Georgia Tech), un campus con 53.000 alumnos y un presupuesto en investigación de 1.400 millones de dólares. En una entrevista reciente, sopesaba que «nuestra misión no debe centrarse en formar ingenieros o tecnólogos, sino líderes que innovan para mejorar la condición humana. Concebimos la tecnología para hacer mejor la vida de las personas».[36]

En las organizaciones contemporáneas, marcadas por la complejidad, la incertidumbre y el cambio constante, los modelos tradicionales basados exclusivamente en la autoridad y el mandato pierden relevancia. Se busca construir relaciones basadas en la inspiración mutua, donde el poder

---

36. Zaballa, I., y Navarrete, A. (2024, diciembre) «El primer español que llegó a rector de una universidad de EEUU: "Los profesores que no sepan usar la IA serán reemplazados"». *El Mundo*. https://www.elmundo.es/papel/historias/2024/12/13/675c212ae4d4d858238b4593.html

de la influencia supera al de la imposición o la obediencia ciega. Inspirar en lugar de sacar la fusta no solo transforma la dinámica organizativa, sino que también redefine la manera en que se genera compromiso.

El liderazgo basado en «mandar y obedecer» está anclado en un enfoque transaccional, donde el líder dicta las tareas y los subordinados las ejecutan. Este modelo puede ser eficaz en entornos de baja complejidad, donde las tareas son predecibles y no requieren flexibilidad. O en circunstancias de crisis donde prima el cumplimiento de tiempos y resultados. Sin embargo, en el mundo actual, caracterizado por entornos inciertos y una fuerza laboral más autónoma y diversa, esta dinámica pierde efectividad. Los profesionales que buscan su primer empleo han sido educados en una mentalidad más crítica.

El mandato sin más tiende a limitar la creatividad, porque los colaboradores, al estar más enfocados en cumplir órdenes que en proponer ideas, evitan tomar riesgos o explorar nuevas soluciones. También reduce el compromiso, pues se trabaja por obligación, no por pasión o propósito. En última instancia, este modelo perpetúa la dependencia, generando equipos reactivos en lugar de proactivos.

Llegados a este punto, muchos querrían dejar de leer. Entendería que abandonaran con semblante enfurruñado con un reproche al autor: «¡Qué fácil es decir, o escribir, pero la realidad es otra!». Nadie dijo que salir de la cueva iba a ser sencillo. Hay que dar un paso adelante y ser creativos. Hace unas semanas, compartiendo una cerveza con un empresario de los de toda la vida —de los que posiblemente no ha leído a Platón, pero con mucha filosofía a sus espaldas—, señalaba que tiene muy claro cómo actuar con sus trabajadores: «Les hago ver si su coste laboral no supera el valor de las croquetas que producen». El modelo inspirador moviliza a través de un propósito compartido, valores claros y ejemplos genuinos. A veces, el valor que más inspira, al ser tan escaso, es el sentido común y la cuenta de la vieja. El problema es que hoy lo hemos envuelto de *engagement* y, claro, nadie lo entiende.

Alguien que inspira provoca que su visión, sus acciones y su capacidad de conectar emocionalmente con los demás generen una influencia natural. Inspirar significa despertar la motivación intrínseca, aquella que surge del deseo de contribuir, aprender y crecer. Aplico el poder del hábito para reiterar que a la inspiración estamos llamados todos. No es un monopolio de los que mandan. Me topo con muchos directivos decaídos que, inspirados por la lealtad y el compromiso de sus colaboradores, los han llevado en volandas. Me viene a la memoria, por coincidir con mi primer viaje como consultor a Latinoamérica, la entrega, esfuerzo y pasión del equipo de rescate de los mineros chilenos atrapados en la mina de San José en 2010. Su trabajo incansable durante 69 días para rescatar a los 33 hombres sepultados a setecientos metros bajo tierra fue una carga de motivación para sus líderes políticos.

El enfoque inspirador fomenta la autonomía, porque todos se sienten parte de algo significativo. También fortalece la confianza. Por ello, quienes ejercen el mando tienen la responsabilidad de la humildad para dejarse inspirar. En lugar de adoptar una postura de autoridad inflexible, los líderes inspiradores están abiertos a las ideas, sugerencias y talentos de sus equipos. Significa reconocer que el liderazgo no es un camino unidireccional.

Transitar de un modelo de mando y obediencia a uno basado en la inspiración y la reciprocidad requiere un cambio profundo de mentalidad. Claves para lograrlo son: definir propósitos claros, practicar la escucha activa, aplicar la coherencia entre palabras y acciones, fomentar la autonomía, y reconocer y celebrar los éxitos. En consonancia con la ventana anterior, el consultor Álvaro González Alorda sentencia que «alguien inspira cuando es capaz de mover a los demás a cambiar sus hábitos (...) No hay nada más inspirador que una persona que se esfuerza por mejorar».[37] Una vez más, los hábitos son llaves para salir de la cámara frigorífica que es la caverna.

Elegir inspirar en lugar de mandar no es solo una estrategia empresarial, es una filosofía de vida que invita a crear relaciones humanas empáticas y significativas. Del mismo modo, dejarse inspirar en lugar de obedecer ciegamente implica un compromiso con el crecimiento personal y colectivo, un deseo constante de aprender y evolucionar. En última instancia, se trata de liberar conjuntamente el po-

---

37. González, A. (2024). «Emêrgap | La transformación como viaje». https://www.youtube.com/watch?v=QdLwdvyFx1M

tencial del resto. Y, en ese proceso de inspiración mutua, tanto los responsables como los equipos descubren nuevas formas de colaborar, innovar y transformar el mundo que los rodea.

Comunicar no es mandar *e-mails*

Años atrás, participé en el concurso de relatos organizado por la revista *Recursos Humanos Digital*. Mi historia era la del «empresario y octogenario D. Basilio Gallego, uno de esos tipos que te obligan a renovar de continuo la opinión que tienes sobre ellos. Metódico y concienzudo a primera vista, sin poder ocultar un aderezo de improvisación que le inclinaba, cada cierto tiempo, a un *colpo di scena*. Sus ocasionales salidas de tiesto enervaban a Marta Ferrero, directora de Recursos Humanos. Un viernes se vio alarmada por la queja de varios gerentes de la empresa. Sentados alrededor de su tabla redonda, advirtieron de que había comenzado a circular un pernicioso *algunas cabezas penden de un hilo en forma de un inminente ERE*. Después de semanas de infructuosa búsqueda, se dio por vencida: "No queda más que el honor, que no es poco", susurró resignada, recordando el *fail again, fail better* de Samuel Becket, al que se agarró como un salvavidas. Con desazón y entereza a partes iguales, abrió el correo electrónico para escribir la carta de renuncia. Estaban en juego salud, matrimonio y dignidad, quizá no en este orden. En un arranque de carácter (...) recompuso como un puzle, en su mente de Atenea, los miles de chismes, murmullos, patrañas, cotilleos, diretes, malentendidos y elucubraciones que habían entrado por la gatera. Halló la pieza que a todo daba sentido. Recordó haber escuchado ella misma repetidamente, en boca del díscolo D. Basilio con chaqueta cruzada y bigote de otra época, que a las plantas del *hall* les faltaba agua. Y si no se regaban de inmediato morirían de forma irremediable, amenazando con su voz grave, *erre* que *erre*, ascensor arriba, ascensor abajo. Especialmente el jazmín y las azucenas del vestíbulo. Si volvía a verlas así, él mismo como presidente tomaría la regadera. Todo por no instalar un riego de cabezal de hilo que valía ¡dos euros!».

La comunicación no es redactar *e-mails* ni colgar memorándums en el tablón de anuncios. Es el alma que conecta a las personas entre sí, las alinea con los objetivos comunes y la esencia misma de las organizaciones. Para entender su importancia en toda su profundidad, las enseñanzas de la filosofía griega ofrecen una perspectiva atemporal: el lenguaje y el diálogo no solo estructuran las relaciones humanas, sino que también son fundamentales para alcanzar el conocimiento, la excelencia y el bienestar de las comunidades.

Platón subrayaba el papel del diálogo como búsqueda conjunta de la verdad. Sus conversaciones filosóficas en su obra *Diálogos* no eran monólogos, sino procesos colaborativos donde el intercambio de ideas llevaba a descubrimientos más profundos. En las organizaciones, la comunicación no debe ser una mera transmisión de pareceres, opiniones u órdenes, sino una herramienta para la construcción conjunta de soluciones. Cuando líderes y equipos se involucran en un diálogo auténtico, se fomenta la confianza, la creatividad y una comprensión más rica de los retos que enfrentan. Un líder que fomenta la comunicación no solo resuelve problemas, sino que inspira y empodera. Las organizaciones del siglo XXI necesitan otro paradigma de comunicación. Sin comunicación no hay salida de la caverna.

Una comunicación no se limita a ser clara y precisa, sino que también debe ser ética y empática. No solo se trata de «qué se dice», sino también de «cómo se dice» y de la capacidad para escuchar y responder a las emociones, necesidades y perspectivas de los demás. Una comunicación basada en la *areté* griega busca siempre construir, unir y promover un propósito, evitando el daño que pueden causar los malentendidos o las palabras mal elegidas. Como las del pobre D. Basilio.

Por otro lado, Aristóteles nos recuerda que el ser humano es un hombre político: un ser social que encuentra su realización en comunidad. En las organizaciones, esta idea se traduce en la importancia de crear espacios donde las personas puedan decirse las cosas con realismo y trasparencia. Me encuentro empresas donde las personas no han desarrollado la habilidad para el *face to face*. Son viveros de dimes y diretes y, lo que es peor, de versiones completamente divergentes entre áreas o departamentos. La falta de comunicación o su mal manejo genera aislamiento, desconfianza y desmotivación, desintegrando la cohesión.

Un diagnóstico sencillo de causas radica en que muchos profesionales (desde la alta dirección a la cadena de producción) no están educados en la destreza comunicativa. Por decirlo abiertamente, no saben hablar, mucho menos escribir con precisión. «El tipo de pensamiento que se desarrolla hoy en día tiende a ser impreciso y de poco lenguaje, de manera que el habla y la escritura son igualmente imprecisos. El que no organiza el pensamiento, no habla ni escribe bien. Y, ¿para qué escribir, si la gente no lee porque no tiene tiempo? ¿Por qué aprender a escribir si el ordenador puede corregir? Bueno, corrige hasta cierto punto. Mientras tanto, se carece de una cultura general mínima, que tanto se necesita en el trabajo y en la vida social»,[38] sentencia con acierto la consultora de escritores Ofelia Pérez.

Enorme paso darían empresas y organizaciones para provocar espacios merecedores de aplauso —y de enamoramiento del talento— si incentivaran la lectura comprensiva. Me atrevo a proponer, incluso, un club de lectura corporativo o introducir en los planes de formación un cursito breve: «Cómo escribir *e-mails* o WhatsApps». Me ofrezco a dinamizar el primero y a impartir el segundo después de ver y sufrir conflictos, desavenencias, divergencias y malentendidos tras un mensaje carente de inteligencia verbal y emocional.

38. Pérez, O. (2024). «¡A pensar, hablar y escribir con precisión!». *Blog Ofelia Pérez*. https://ofeliaperez.com/a-pensar-hablar-y-escribir-con-precision/

Paralelamente, en las organizaciones se están perdiendo las relaciones personales que vertebran proyectos compartidos. Este aspecto va a contracorriente de la tendencia a optimizar tiempos y perseguir empresas con sistemas similares a maquinarias perfectas y eficaces. Sin embargo, aparecen en el mercado síntomas de que hay empresas que comienzan a entender el valor de la comunicación interpersonal: en el verano de 2019, la cadena neerlandesa de supermercados Jumbo puso en funcionamiento las *kletskassas*, traducido como las cajas lentas o parlanchinas. La idea es ofrecer conversación a los clientes que no tienen prisa y les apetece charlar con los empleados mientras les empaquetan y cobran los arenques o el queso de Gouda. «Estamos en la era de mayor conexión de la historia, pero nunca nos hemos sentido más solos»,[39] alerta la investigadora social Elisa Sala. Las empresas, denominadas en un pasado no muy lejano «compañías», son espacios cada vez más solitarios y menos solidarios y comunicativos.

Un concepto clave en la filosofía griega es el *logos*, sinónimo de razón, palabra y estructura. Para los griegos, el *logos* da orden y sentido al mundo. En el contexto empresarial, una comunicación basada en el *logos* implica que todo mensaje debe tener un propósito claro, una estructura lógi-

---

39. Terrasa, R., y Sánchez, D. (2024, diciembre). «Las Navidades más solitarias de los jóvenes españoles: "En la era de mayor conexión de la historia nos sentimos más solos que nunca"». *El Mundo*. https://www.elmundo.es/papel/historias/2024/12/23/67658ff6e85ece725c8b45b2.html

ca y un sentido de coherencia. Así no solo se evitan ambigüedades, sino que también se asegura que las personas comprendan plenamente su papel. Un *logos* fuerte garantiza que la comunicación fluya hacia arriba, hacia abajo y de manera horizontal, integrando todos los niveles de una empresa.

La caverna de Platón nos ofrece una enseñanza añadida. Los prisioneros están encadenados, viendo solo sombras en la pared, incapaces de percibir la verdadera realidad. Muchas veces, en las organizaciones, los problemas de comunicación generan una situación similar. Los equipos operan basándose en percepciones incompletas o distorsionadas, lo que lleva a errores, conflictos y decisiones mal fundamentadas. La comunicación correcta permite iluminar la verdadera realidad, ayudando a los equipos a comprender el panorama completo y a actuar con mayor precisión. La filosofía griega también nos enseña la importancia de la justa medida o «mesura» (*sophrosyne*): no se trata solo de hablar más, sino de hablar mejor, equilibrando cantidad y calidad de información para evitar la sobrecarga o la insuficiencia. Una buena comunicación implica saber cuándo es el momento de transmitir un mensaje y cuándo es el momento de escuchar. ¡Qué decir de las reuniones y comités con hora de entrada, pero sin hora de salida, alimentados simplemente de palabrería *selfi*!

Por otro lado, se estima que el 80 % de la comunicación humana es no verbal, una cifra que revela la profundidad con la que gestos, expresiones faciales, tono de voz y lenguaje corporal moldean las interacciones. Ello implica que, más allá de palabras, lo que carga de autoridad un mensaje son las señales de nuestras acciones, a menudo de manera inconsciente. Esta realidad subraya no solo la importancia del ejemplo en nuestras relaciones personales y profesionales, sino también el impacto de la interpretación que hacemos de estas señales.

La comunicación no verbal tiene un poder silencioso, pero contundente. Un tono amable puede reforzar un mensaje positivo, mientras que un gesto de impaciencia puede contradecir las palabras más cuidadosas. El comportamiento de un CEO habla más alto que sus discursos. Si aboga por la puntualidad pero constantemente llega tarde, su mensaje pierde credibilidad porque su comunicación no verbal contradice sus palabras. Este principio no solo aplica en el ámbito profesional, sino también en el personal: lo que hacemos enseña más que lo que decimos. La dimensión emocional es fundamental en las relaciones humanas, donde la empatía y el entendimiento son pilares esenciales.

Trabajar y desempeñar un puesto dentro de una organización requiere asumir un rol o papel que, en muchos sentidos, puede compararse con las interpretaciones teatrales en la Antigua Grecia. Los actores encarnaban personajes mediante máscaras, gestos y discursos que no solo transmitían emociones, sino que también reflejaban la esencia del personaje que representaban. Esta metáfora nos invita a reflexionar sobre cómo, en el ámbito profesional, cumplir con un rol exige compromiso, coherencia y una conexión consciente con el propósito del papel a interpretar. En el teatro griego, el rol no era solo una actuación superficial. Implicaba ser fiel a las características, intenciones y valores del personaje. Del mismo modo, en una empresa va mucho más allá que cumplir funciones o tareas. Es entender qué se espera de cada uno, en términos de responsabilidades, competencias y comportamientos. Por ejemplo, un CEO no solo tiene que dirigir, sino inspirar, tomar decisiones estratégicas y ser un ejemplo para su equipo. Un colaborador, por su parte, debe trabajar con creatividad y responsabilidad, asumiendo cómo su papel se integra en el guion de la trama que es una organización.

Las máscaras en el teatro griego son una metáfora poderosa para la identidad profesional. Esto no significa falsedad, sino una adaptación consciente: actuar con profesionalismo, incluso en momentos difíciles, o mostrar autoridad en situaciones que lo exigen, aunque internamente sintamos dudas. Al igual que en el teatro, las máscaras son herramientas que permiten actuar conforme a lo que nuestro papel requiere, sin renunciar a la identidad personal. Evidentemente sin traicionar la autenticidad: los actores se sumergían en su personaje, dándole vida con pasión y convicción. Finalmente, el teatro griego nos enseña que todos los roles, incluso los aparentemente secundarios, son esenciales para la obra. En una organización, cada puesto tiene un propósito.

Decía el pensador español Ortega y Gasset a principios del siglo xx que lo característico del ser humano no es su naturaleza (biológica) sino su historia. Los escáneres cerebrales revelan que las historias estimulan e involucran al cerebro. Hoy, véase en el ámbito del marketing o de las redes sociales, todos quieren ser narradores expertos porque el relato de cuentos es la mejor herramienta de persuasión. Sin embargo, no es un fenómeno nuevo. De hecho, el valor de la narración de historias ya se subrayó hace siglos, mucho antes de la irrupción del ChatGPT. En los últimos años, la narración de historias se ha relacionado incluso con la evolución humana y la adaptación social en forma de cooperación y trabajo en equipo. De ahí mi convencimiento de que una organización es un equilibrio de cuentos y cuentas. Involucrar de manera protagonista a los individuos en la generación del relato de su organización es uno de los principales retos del siglo xxi. La idea que una empresa se crea de sí misma es elemento constituyente de lo que es y lo que va a ser en el futuro. Hay un poder ontológico en la generación del relato que debe servir para enamorar el talento.

Para terminar este punto, me atrevo a afirmar que la comunicación, en su acepción más amplia, debería contribuir a una especie de hermenéutica que facilitara a los protagonistas hacer lecturas correctas de las organizaciones donde trabajan en relación con el exterior, pero sobre todo de los rasgos que dan carácter a su vida interior. Me encuentro con no pocos directivos o profesionales en general comportándose como pollos sin cabeza, torpes para intuir o descubrir determinadas claves que articulan y dan sentido a una empresa (estilo, idiosincrasia, personalidad, tradición en el sentido de modos de hacer, núcleos duros de influencia y decisión, botones que nunca hay que pulsar, organización informal...). Son factores que se dan en una dialéctica de ocultamiento y desvelamiento propia de espacios de escasa visibilidad. Cavidades que uno encuentra en todas las empresas y donde ciertos poderes fácticos impiden que se instale un fluorescente. Cabe, no obstante, una reflexión, traída de la antropología cultural, por desgracia tan ajena a la gestión de personas en los países latinos en relación con los de corte anglosajón: el sentido de una cultura (organización) como totalidad no siempre está abierto a sus participantes, sino que posiblemente solo se haga plenamente visible desde el exterior de esa cultura. En cualquier caso, la incapacidad para comprender e interpretar —y comunicar— el tapizado sanguíneo, en ocasiones sanguinario, de las empresas, complicada de asumir y más todavía más de enfrentar, pero causante de sonoros fracasos de notabilísimos currículums, daría para otro libro. Quién sabe. Un ejercicio concreto para proponer desde los departamentos de Recursos Humanos, principalmente destinado a directivos, es dibujar y reflexionar sobre el ecosistema en el que han caído, muchas veces en paracaídas y sin una brújula demasiado precisa.

Todo es por mi culpa

Como joven director de Recursos Humanos de una multinacional constructora y promotora —ya ha llovido— tuve la oportunidad de aprender grandes lecciones más allá de saber lo que era un encofrado o un bajo rasante. Una de las que me dejaron cicatriz fue la necesidad de meter en vena a los profesionales la mentalidad de no ponerse de perfil cuando las circunstancias amargan una toma de responsabilidades y sus consiguientes decisiones. Ocurría cuando la lluvia del invierno ralentizaba o detenía las obras en curso. El desfase en el cumplimiento de los plazos tenía su consiguiente reflejo en la cuenta de resultados y era fuente de discusiones acaloradas en el comité directivo de los lunes.

Una de las claves del desarrollo personal y profesional es entender cómo percibimos las causas de los eventos que suceden en nuestra vida. Entra en juego el «locus de control», que describe si creemos que nuestras acciones influyen en los resultados («locus interno») o si atribuimos los eventos a factores externos, como el azar o las circunstancias («locus externo»).

Aunque ambos enfoques tienen su lugar, un «locus de control interno» bien desarrollado es esencial para asumir responsabilidades, pero también nos invita a reflexionar sobre cómo enfrentamos aquello que está fuera de control. Lleva consigo reconocer que nuestras decisiones, esfuerzos y actitudes son factores determinantes en los resultados obtenidos. Las personas creen firmemente que son protagonistas de sus quehaceres, no meros espectadores. Esto fomenta una mentalidad activa y resiliente que lleva a buscar soluciones en lugar de excusas.

Por ejemplo, si algo no sale como está previsto en una organización o sobrevienen elementos inesperados, en lugar de culpar a las circunstancias, un profesional con «locus de control interno» analizará qué pudo haber hecho diferente. Esta actitud permite crecer, ya que los errores son oportunidades de aprendizaje, no fracasos definitivos. Sin embargo, esta perspectiva también puede convertirse en un lastre si no se maneja con equilibrio. No todo lo que ocurre está bajo control, y pretenderlo puede generar frustración, ansiedad o culpa innecesaria.

Aceptar que no todo depende de nosotros es igualmente liberador. Hay factores externos que, simplemente, no se pueden cambiar: el comportamiento de otras personas, las decisiones de una empresa o incluso eventos fortuitos como una crisis económica o un problema de salud. El desafío está en cambiar la percepción y la reacción ante lo incontrolable. Aquí entra en juego, de nuevo, la inteligencia emocional: no podemos controlar lo que sucede, pero sí decidir cómo responder. Esto requiere desarrollar resiliencia, paciencia y capacidad de soltar aquello que escapa a nuestro alcance. Tomar responsabilidad significa evitar la victimización. No se trata de ignorar los obstáculos o aceptar pasivamente la adversidad, sino de encontrar maneras de avanzar con lo que tenemos en lugar de paralizarnos por lo que no podemos cambiar.

El verdadero poder del «locus de control interno» radica en discernir dónde están nuestros límites. Este equilibrio se puede resumir en tres pasos: identificar lo controlable (decisiones, pensamientos, esfuerzo y actitud), soltar lo incontrolable (reconocer los límites de nuestra influencia y evitar gastar energía emocional en lo inmutable) y elegir respuestas adecuadas (aquí está la verdadera libertad, aunque no podamos cambiar las circunstancias, cabe decidir cómo enfrentarlas. Que no es poco).

Por ejemplo, si pierdes un empleo debido a un recorte, no puedes cambiar la decisión de la empresa, pero sí puedes asumir la responsabilidad de actualizar tus habilidades, buscar nuevas oportunidades y mantener una actitud positiva frente al desafío. Y, sobre todo, analizar la razón por la que fuiste despedido sin hacerte trampas al solitario. Mis coetáneos se acordarán de Calimero, encantador pero desafortunado pollito negro del autor Carlo Peroni, que tanto educó nuestra infancia en formato de dibujos animados: «¡No es justo, nadie me quiere porque soy pequeño y negro, es que los mayores no me entienden!», solía repetir. En la actualidad, Calimero lo tendría fácil. No tendría más que deslizar una queja ante la autoridad laboral sin necesidad de recuperar su plumaje amarillo gracias al detergente italiano que el personaje comenzó anunciando en 1961 en el programa publicitario *Carosello*.

Desarrollar un «locus de control interno» empodera realmente, nos hace responsables de nuestras acciones y nos motiva a buscar el cambio donde realmente podamos influir. También requiere la humildad de aceptar la realidad. Cuando asumimos la responsabilidad, tanto de lo que depende de nosotros como de nuestra actitud ante lo que no, dejamos de ser víctimas de las circunstancias y nos convertimos en arquitectos de nuestro desempeño profesional. En ese equilibrio entre acción y aceptación reside una fortaleza inigualable que nos aleja de la caverna.

Invito a añadir en el diccionario de competencias profesionales de las empresas la capacidad de afrontar la inseguridad. Vivimos una época donde la certeza, estabilidad, permanencia o durabilidad son *rara avis*. Los entornos profesionales del siglo XXI deben entrenar a sus equipos a vivir en la incertidumbre de no saber qué sucederá mañana. En las entrevistas de trabajo se hace imprescindible preguntar a los candidatos por episodios donde tuvieron que gestionar la inseguridad y la incertidumbre.

Plan VE

En mi reciente viaje a Nueva York, con anfitrión de lujo como es mi querido amigo *Cuti*, he podido constatar la mentalidad emprendedora que impregna toda la ciudad, manifestada en el ritmo al que ascienden y descienden los ascensores en los edificios que tocan el cielo. En el corazón de Manhattan hay una hamburguesería que tiene la particularidad, más allá de los más de treinta dólares por unidad, de que los camareros suben, micrófono en mano, a unas tarimas que hacen las veces de pasarela entre las mesas. Lo que en un principio podría parecer un toque de animación *amateur* para justificar precios desorbitados, resulta ser una lección profesional en toda regla. En Stardust, así se llama el animoso establecimiento, las comidas son servidas por voces prodigiosas que se ofrecen a trabajar en el escaparate de los cazatalentos de los espectáculos contiguos de Broadway.

En el mundo profesional, de costumbre se cree que el éxito está reservado para quienes tienen un inicio privilegiado, ya sea por conexiones, recursos o ventajas circunstanciales. Sin embargo, la realidad es que, en la mayoría de los casos, el éxito no depende del punto de partida, sino de cómo se recorre el camino. La humildad, la determinación y el compromiso con un crecimiento constante son los valores que realmente permiten a las personas destacar y avanzar. Desgraciadamente, todavía hay algunos que confunden igualdad de oportunidades con igualdad de resultados.

Comenzar desde abajo no es una desventaja. Iniciar desde los inframundos trabajos que no parecen «ideales» a primera vista puede ser una oportunidad invaluable. Este tipo de experiencias permiten entender los valores de cualquier negocio o industria desde dentro, algo que las posiciones más altas rara vez ofrecen. Trabajar desde abajo brinda la oportunidad de desarrollar empatía hacia todos los niveles de una organización, lo cual es esencial para un liderazgo efectivo. De ahí que habitar la caverna no significa que no se puedan romper los grilletes.

Los comienzos, como los aspirantes a triunfar en Broadway, suelen aprender a valorar cada pequeño logro. En el proceso se adquieren habilidades prácticas, desde la gestión de tareas básicas hasta la capacidad de resolver problemas y comunicar con diferentes tipos de personas. Esto no solo forma un profesional más completo, sino también alguien capaz de liderar con autenticidad en el futuro. En este sentido, la humildad es clave en cualquier etapa profesional, pero especialmente al inicio. Ser humilde implica reconocer que no lo sabes todo, que siempre hay espacio para aprender y que puedes beneficiarte del conocimiento y la experiencia de quienes te rodean.

En un entorno laboral, los individuos que escuchan, aprenden de otros y andan dispuestos a asumir cualquier tarea, por pequeña que sea, generan respeto y confianza. Nadie quiere trabajar con alguien que desprecia los esfuerzos necesarios para avanzar o que busca resultados por medio de atajos. La humildad no solo abre puertas, sino que predispone para aprovechar las oportunidades. Entender que cada etapa es un peldaño permite construir una trayectoria profesional con base sólida.

El éxito profesional no es siempre inmediato. Puede que los resultados del esfuerzo no estén a golpe de «me gusta», pero eso no significa que no se esté avanzando. Si se demuestra compromiso y actitud de mejora constante, tarde o temprano alguien percibirá el potencial. Traigo de nuevo la referencia James Clear y sus «hábitos atómicos». No quiere decir que simplemente debas sentarte en el sofá a que las cosas sucedan. Por el contrario, el esfuerzo diario, el aprendizaje constante y la voluntad de asumir nuevos retos son los elementos que preparan el terreno para el éxito. Cuando llega la oportunidad, quienes han trabajado duro y con humildad están mejor posicionados para aprovecharla y dar el siguiente paso. En un contexto donde a menudo se glorifica la rapidez y el éxito inmediato, es fundamental recordar que cada rellano profesional tiene su propósito. Quemar etapas puede parecer tentador, pero a menudo conduce a un crecimiento superficial. Cada paso del camino tiene lecciones. Tanto los CEO como los profesionales están llamados a asumir esta cultura para sobrevivir.

Construir carreras sólidas requiere tiempo, esfuerzo y paciencia. Por parte de todos, hay veces que las empresas no tienen paciencia para que sus equipos maduren. No se trata de alcanzar la cima lo más rápido posible, sino de llegar preparados para mantenerse allí. Las etapas iniciales son un terreno de prueba, un lugar donde se desarrollan habilidades, se consolidan valores y se construyen relaciones que serán clave en el futuro. Si se siembra con dedicación y se mantienen firmes los valores, las oportunidades llegarán, los individuos más jóvenes crecerán y quienes estén preparados podrán aprovecharlas al máximo.

Aquí cobra importancia el plan VE. El éxito no va a llamar a la puerta ni vendrá en un paquete de Amazon. Hay que salir a buscarlo, como cualquier meta, minúscula o mayúscula, que escribamos en la agenda. Pasa por levantarse, salir de la zona de confort —quizá de la caverna— y sustituir «esperar», o ver qué pasa, por el verbo «actuar». Al ritmo y prestancia de los ascensores que dan vida a los rascacielos de Manhattan.

Sirva un factor añadido para provocar otra reflexión que caracteriza el ámbito profesional de hoy. Y que condiciona cualquier análisis que se enfrente a gestionar entornos profesionales, digamos cavernarios. Nuestra época, quizá como ninguna antes, se caracteriza por una tensión constante entre el corto y el largo plazo, moldeada por avances tecnológicos, dinámicas sociales y asuntos tan complejos como la globalización.

Hace poco leí una buenísima definición de Project Manager: un individuo que se cree que nueve mujeres pueden dar a luz a un niño en un mes. Un sarcástico comentario añadía que en realidad serían ocho mujeres, ya que se podrían aplicar determinadas sinergias que aumentarían la productividad en torno al 10 %. El corto plazo domina muchas áreas. Vivimos en una cultura de la inmediatez, impulsada por las redes sociales, la comunicación instantánea y el acceso rápido a información. Ya en el año 2013, McKinsey y el Consejo de Inversiones en Planes de Pensiones de Canadá realizaron una encuesta a más de mil CEO y altos ejecutivos, con el fin de evaluar su visión a largo plazo en la administración de sus empresas. Los autores de la encuesta (Bailey y Godsall) confirmaron la presencia dominante del enfoque a corto plazo en la mentalidad actual del mundo empresarial. Comenzaba a extenderse el término de «capitalismo trimestral».

Esta mentalidad promueve decisiones rápidas, pero a menudo superficiales, que pueden priorizar resultados inmediatos sobre consecuencias duraderas. En el ámbito empresarial, por ejemplo, los accionistas exigen ganancias mensuales, lo que lleva a estrategias que favorecen el corto plazo a expensas de la sostenibilidad futura. Los profesionales más jóvenes han sido educados en una dinámica de respuestas y satisfacciones inmediatas. Vivimos en la época más revolucionada de la historia. «Malgasté el tiempo, ahora el tiempo me malgasta a mí» acuñó el bardo William Shakespeare.

Sin embargo, el largo plazo sigue siendo esencial en temas que requieren previsión y planificación, como el propósito, el cambio climático, la educación o la investigación científica. Sin embargo, estas perspectivas suelen quedar relegadas debido a la urgencia de resolver problemas inmediatos, lo que genera un desequilibrio que pone en riesgo el bienestar de las generaciones futuras.

Nuestra época y, en concreto, la vida de las organizaciones reflejan una lucha por integrar ambas dimensiones del tiempo. La clave para superar esta tensión es fomentar una visión equilibrada, que valore tanto la adaptabilidad y la velocidad del corto plazo como la profundidad y la responsabilidad del largo plazo. Solo así podremos avanzar hacia un desarrollo sostenible en todos los sentidos. Mi admirado Leopoldo Abadía, presidente del jurado de los premios +50Emprende, reflexiona sobre cómo «la Iglesia, en este bendito asunto de la comunicación, ya lo ha inventado todo, y lo ha hecho casi todo extremadamente bien. (...) De entrada, piensa a largo plazo, una costumbre que se pierde por segundos en este mundo hiperresultadista gobernado por fondos de inversión hambrientos de rentabilidad inmediata. A mí no se me ocurre comunicar razonablemente bien sin pensar en el largo plazo».[40]

Permítame el lector culminar este elenco de nueve ventanas por donde huir de las sombras de la caverna reflexionando sobre un elemento que sirvió como detonante de la filosofía: la admiración vinculada al asombro. Vendría a ser una llave maestra que abriría todas las ventanas. «Muy propio del filósofo es el estado de tu alma: la admiración, porque la filosofía no conoce otro origen que ese», escribe Platón en su obra *Teeteto*. Igual se expresa Aristóteles en la *Metafísica*: «Los hombres comienzan y comenzaron siempre a filosofar por la admiración». La capacidad de asombro es una cualidad fundamental que, aunque asociada a la infancia, resulta esencial en el ámbito profesional y, en particular, en las organizaciones. En un entorno marcado por la rapidez de los cambios, la innovación constante y la competencia global, mantener vivo este ingrediente es un factor diferenciador.

El asombro no solo es admiración, sino también curiosidad genuina ante lo desconocido, apertura al aprendizaje y disposición a cuestionar lo establecido. En el ámbito empresarial, es vital para detectar oportunidades donde otros

40. Abadía, L., y Segarra, T. (2023). *La marca de Dios*. Editorial Espasa.

ven problemas, para proponer soluciones creativas y para adaptarse a escenarios cambiantes. «Las empresas que valoran y fomentan esta cualidad en sus miembros suelen destacar en innovación, porque el asombro activa el pensamiento crítico y la imaginación, dos motores esenciales para el progreso»,[41] destaca el profesor de Management de la Universidad de York, David Weitzner.

La admiración es una herramienta poderosa para mantener la motivación y el compromiso. En un entorno donde las tareas repetitivas o la presión pueden generar desgaste emocional, sorprendernos y admirar los logros propios y ajenos nos conecta con el propósito del trabajo. Un equipo que se asombra ante los avances tecnológicos, las ideas disruptivas o el impacto de sus proyectos es un equipo más comprometido y resiliente.

Por otro lado, el asombro fomenta la humildad, una cualidad a veces escasa. Hay que reconocer que siempre queda algo por aprender, que el entorno puede sorprendernos con retos y oportunidades inesperadas, ayuda a trabajar desde una perspectiva colaborativa, abierta al intercambio de ideas. También Aristóteles expone su tesis en la *Metafísica*: «El que se plantea un problema o se admira reconoce su ignorancia».

41. Weitzner, D. (2022) «Que ser inteligente no merme tu capacidad de asombro». *Psychology Today*. https://www.psychologyto day.com/es/blog/que-ser-inteligente-no-merme-tu-capacidad-de-asombro

En resumen, la capacidad de admiración no solo es compatible con el desempeño empresarial, sino que es un ingrediente indispensable para la satisfacción y el compromiso laboral. Cultivarla implica un esfuerzo consciente por mirar el mundo con ojos nuevos, incluso en los entornos más rutinarios, y recordar que, detrás de cada tarea, desafío o meta, hay algo extraordinario esperando ser descubierto. ¿Acaso no estamos definiendo un perfil intraemprendedor?

El asombro es un motor para el cambio en los equipos que quieren abandonar la caverna. Un sentimiento de asombro surge cuando fallan las habilidades existentes para explicar claramente lo que estamos viendo. Se trata de una experiencia fugaz del mundo que permite reconocer concretamente lo poco que sabemos. «Solo sé que no se nada» era el mantra de Sócrates. Uno de los mayores obstáculos para el asombro de hoy es que estamos excesivamente seguros de lo que sabemos. Somos demasiado inteligentes, vaya paradoja, para estar abiertos al asombro. También el asombro contribuirá a cambiar la forma en que las empresas piensan sobre sí mismas y su lugar en el mundo. Esta sensación transitoria desplaza la atención hacia ideas más elevadas y apegos más profundos, disminuyendo el poder de los prejuicios hacia la codicia y el egoísmo.

Para Steve Jobs, el éxito de un producto o servicio dentro de una nueva tendencia digital estaría en la capacidad de asombro. «A los quince años se asombró al ver en una revista a un personaje llamado Capitán Crunch, quien podía hacer llamadas gratis. Jobs y Steve Wozniak, su amigo de adolescencia, después de leer la historia, investigaron y encontraron en una biblioteca una revista de AT&T que contaba cuál sería el desarrollo técnico para hacerlo. Llevados por la emoción que da la curiosidad, hicieron una «cajita mágica» (*blue box*), para empezar a hacer llamadas gratis por diversión. Pero ese experimento los llevó a concluir algo que sería determinante en la manera de cómo Steve haría negocios posteriormente con Apple y las otras compañías que fundó: «Descubrimos que con algo muy pequeño se podía dominar una infraestructura muy grande, como la infraestructura telefónica de AT&T, y llamar gratis».[42] Con algo muy simple que habían creado podían dominar una infraestructura que movía billones de dólares.

En definitiva, la mediocridad y la pérdida de la capacidad de admirar o asombrarnos van de la mano. Ambas conducen a una vida superficial en las organizaciones, sin tomar parte activa en los problemas que suceden en el día a día. Solo los equipos que se revistan con mentalidad de admiración y asombro serán capaces de salir de la caverna. Asombro para disipar las sombras. ¿Por qué no sumar también esta competencia a los manuales de perfiles profesionales o considerarla como fundamental en la selección de personal? Asumo el plan VE para ayudar a colegas de Recursos Humanos y tiro tres cuestiones con que calibrar la

---

42. Najar, J. (2017). «Lo que diría Steve Jobs de la transformación digital». *LinkedIn*. https://www.linkedin.com/pulse/lo-que-diría-steve-jobs-de-la-transformación-digital-jimmy-najar/

capacidad de asombro de los candidatos: «Si pudieras viajar en el tiempo y presenciar cualquier evento histórico, ¿cuál elegirías y por qué piensas que te dejaría boquiabierto?»; «Si un extraterrestre aterrizara frente a ti y te pidiera que le explicaras algo sorprendente sobre la humanidad, ¿qué responderías?»; «Si tuvieras la capacidad de hablar con cualquier animal por un día, ¿cuál elegirías y qué te sorprendería más de la conversación?».

En consecuencia, las organizaciones deben dejar espacio para la conmoción y el asombro. Y un liderazgo sin sombras puede asimilarse al papel que desempeña la figura del (CEO) narrador en las novelas de Vargas Llosa: «El narrador no debe juzgar a sus personajes, son ellos quienes, a través de sus acciones y sus palabras, demuestran qué tipo de seres son, si buenos o malos, si sinceros o hipócritas».[43]

---

43. Vargas Llosa, M. (2017). *Conversación en Princenton*. Editorial Alfaguara.

Conclusión

La publicación en 1859 de *El origen de las especies* de Charles Darwin generó un sinnúmero de reacciones en muy diversos ámbitos, más allá del estrictamente científico en la alteración de la concepción de la naturaleza. Karl Marx se entusiasmó con los nuevos descubrimientos, en los que veía el fundamento científico natural de la lucha de clases. Hasta tal punto que envió al naturalista un ejemplar de *El Capital* firmado con su puño y letra. A las pocas semanas de que viera la luz la teoría evolucionista, Engels escribió a Marx corroborando que la evolución de las especies es un proceso histórico. De forma paralela, y paradójica, Thomas Malthus vio, detrás del mecanismo de selección natural marcado por la lucha de la supervivencia del más apto, el reflejo de un capitalismo liberal ferozmente competitivo. Las visiones antagónicas muestran «hasta qué punto los paradigmas que actúan en la ciencia pueden estar sobredimensionados por las creencias de los científicos en un momento determinado»,[44] según indica el profesor de Filosofía, Javier Martín Sala.

44. Martín, J. (2023). *Antropología Filosófica*. UNED.

El darwinismo empresarial relacionado con el talento implica una evolución constante en la manera en que las empresas atraen y gestionan su talento. Entendido no solo el de sus profesionales de base, sino también el de sus CEO y líderes. Adaptarse a un mercado cada vez más cambiante, con nuevos paradigmas, ya no es una opción, sino una necesidad. Las organizaciones que logren dar con la tecla de manera más acertada serán las que se abran paso. «Volátil e impredecible son los objetivos con los que los analistas encabezan todos sus informes de 2025. (...) La macrotendencia que hoy domina el panorama mundial se condensa en el neologismo "vibracesión". La recesión económica que no se refleja en el dato de paro o el de crecimiento, sino en la mala vibración que sienten los ciudadanos»[45] apunta Francisco Pascual de Anta en un artículo reciente.

La alegoría de la caverna de Platón y el darwinismo empresarial pueden vincularse a través de la idea de evolución y transformación, tanto en la perspectiva individual como colectiva. La caverna, como se ha explicitado repetidamente a lo largo de este volumen, representa un estado inicial de ignorancia o limitación, donde las personas están condicionadas por una percepción parcial de la realidad. En este contexto, la dinámica darwinista emerge como el proceso de lucha, adaptación y transformación que permite a los individuos y organizaciones evolucionar hacia una com-

45. Pascual, F. (2024). «Crónica». *El Mundo.*

prensión más profunda del mundo y un desempeño superior en el cumplimiento de sus propósitos.

La tarea no es sencilla. Principalmente porque existe el riesgo de ver la viga en el ojo ajeno dentro de las organizaciones. Pensando los líderes que los profesionales a su cargo han perdido ambición, ética y compromiso; estos que los CEO, jefes y tribu semejante miran hacia otro lado y están anclados en vetustos parámetros, quizá sentados en el holgado cojín de un intercambio descompensado de mercancía.

Antes de concluir, hay una mala noticia para quienes desean tirar la toalla. Para aquellos que piensan que no merece la pena disipar las sombras. Esos que se suelen poner de perfil cuando hay que pensar en un mañana diferente. Tiene que ver con la sorprendente capacidad del ser humano de aprender y superarse a sí mismo. La antropología biológica sitúa en el comienzo de caminar erguido de los homínidos de hace millones de años, cavernícolas podríamos decir, la causa de la denominada «prematuridad». El bipedismo llevó consigo la estrechez de pelvis y, por fuerza, la necesidad de dar a luz por parte de las hembras en un momento en el que el cráneo del feto todavía es pequeño y prematuro en relación con otros animales. El nacimiento precoz del humano ofrece a la sociedad un ser con un cerebro en gran medida sin terminar, con un nivel altísimo de receptividad. El individuo se encuentra al nacer predispuesto al aprendizaje ulterior, enriquecedor y singular como en ninguna otra especie. Solo hay que creérselo y ponerse en pie. Tocará ir a contracorriente de la cultura moderna, tozuda en sofocar la ruptura entre lo determinado y lo indeterminado. Pero no hay coartada para los cobardes.

Un apunte más que contribuye a no andar por las ramas y tomar tierra. Y a despojarnos de esa piel en forma de escepticismo que sucede muy a menudo: «Cuando hablamos de cultura organizativa, de cultura empresarial, puede dar la sensación de que estamos hablando de algo etéreo, de conceptos abstractos. Nada más lejos de la realidad. La cultura organizativa es algo corpóreo. Se puede tocar, se puede oír, se puede ver; en suma, se puede sentir. Y, cuando decimos que una empresa quiere hacer una transformación cultural, es porque quiere ver, oír y tocar cosas diferentes en su día a día»,[46] sostiene Ricardo Bacchini, director de Personas y organización de Volkswagen Group. Detrás de un profesional escéptico suele esconderse un individuo, por múltiples razones, reacio a dar un paso hacia la luz.

Al cabo de una hora, tocaba pagar los *espressos* y el *muffin*. Mientras Jaume se rascaba el bolsillo, a Marta le vino a la cabeza una anécdota de cuando era niña y vivía con su familia en Esplugues de Llobregat. Un día, se peleó con su hermana por una naranja. Cada una afirmaba que la necesitaba más que la otra. Su madre, al ver la disputa, decidió cortarla por la mitad y repartir las partes iguales. Ambas aceptaron, aunque no estaban completamente satisfechas. Al rato, la madre les preguntó qué habían hecho con la naranja. La primera

46. Bacchini, R. (2024). *La cultura se toca*. Plataforma Editorial.

hermana respondió que ella quería el zumo, pero la mitad de la naranja no fue suficiente. La segunda hermana añadió que necesitaba la cáscara para hacer un pastel, pero también le faltó. La madre, sorprendida, se dio cuenta de que, si hubiera preguntado primero qué necesitaba cada una, podría haber dado a una el zumo y a la otra la cáscara, satisfaciendo completamente a ambas.

Jaume y Marta decidieron, entonces, darse una oportunidad, coger la vida por la pechera y comenzar a trabajar en «El Cubículo» peleando con los expedientes fiscales, laborales o mercantiles... «Quizá no es la mejor atmósfera, o precisamente por eso, vamos a demostrar con nuestra actitud que no todo está perdido», coincidieron.

Termino con la reflexión que esculpí en el *post* de mi felicitación de Navidad de 2024, coincidiendo con el enhebrado final de estas páginas: «Los desafíos son regalos que te obligan a buscar un nuevo centro de gravedad».

Se terminan de escribir estas líneas
el 6 de enero de 2025, festividad de los Reyes Magos.
Muchas ovejas inundan Belén, como las guiadas
por la perra *Oki*. Quizá con el compromiso
y la expectativa de un renacer organizacional.

Su opinión es importante.
En futuras ediciones, estaremos encantados
de recoger sus comentarios sobre este libro.
Por favor, háganoslos llegar a través de nuestra web:

www.plataformaeditorial.com

Para adquirir nuestros títulos,
consulte con su librero habitual.

«I cannot live without books».
«No puedo vivir sin libros».
THOMAS JEFFERSON

Desde 2013, Plataforma Editorial planta un árbol
por cada título publicado.